#philosophieorientiert

Reihe herausgegeben von
Thomas Grundmann
Philosophisches Seminar, Universität Köln
Köln, Deutschland

Beiratsmitglieder

In der Politik, in der Gesellschaft aber auch im Alltäglichen haben wir es immer wieder mit grundsätzlichen Fragen danach zu tun, was man tun soll, was man glauben darf oder wie man sich orientieren sollte. Also etwa: Dürfen wir beim Sterben helfen?, Können wir unseren Gefühlen trauen?, Wie wichtig ist die Wahrheit? oder Wie viele Flüchtlinge sollten wir aufnehmen? Solche Fragen lassen sich nicht allein mit Verweis auf empirische Daten beantworten. Aber sind die Antworten deshalb bloße Ansichtssache oder eine reine Frage der Weltanschauung? In dieser Reihe zeigen namhafte Philosophinnen und Philosophen, dass sich Antworten auf alle diese Fragen durch gute Argumente begründen und verteidigen lassen. Für jeden verständlich, ohne Vorwissen nachvollziehbar und klar positioniert. Die Autorinnen und Autoren bieten eine nachhaltige Orientierung in grundsätzlichen und aktuellen Fragen, die uns alle angehen.

Weitere Bände in der Reihe
http://www.springer.com/series/16099

Dominik Balg

Toleranz –
was müssen wir
aushalten?

 J.B. METZLER

Dominik Balg
Philosophisches Seminar
Eberhard Karls Universität Tübingen
Tübingen, Deutschland

ISSN 2524-468X   ISSN 2524-4698   (electronic)
#philosophieorientiert
ISBN 978-3-662-63422-6   ISBN 978-3-662-63423-3   (eBook)
https://doi.org/10.1007/978-3-662-63423-3

Die Deutsche Nationalbibliothek verzeichnet diese Publikation in der Deutschen Nationalbibliografie; detaillierte bibliografische Daten sind im Internet über http://dnb.d-nb.de abrufbar.

Planung/Lektorat: Franziska Remeika
J.B. Metzler ist ein Imprint der eingetragenen Gesellschaft Springer-Verlag GmbH, DE und ist ein Teil von Springer Nature.
Die Anschrift der Gesellschaft ist: Heidelberger Platz 3, 14197 Berlin, Germany

Vorwort

Wir leben in einer Zeit, die nicht nur durch eine Vielzahl gesellschaftlicher Herausforderungen geprägt ist, sondern in der auch die Meinungen über die angemessene Bewertung und die beste Art der Bewältigung dieser gesellschaftlichen Herausforderungen immer weiter auseinandergehen. Nicht zuletzt die Corona-Pandemie und die durch sie aufgeworfenen Fragen nach dem richtigen Umgang mit lautstarken Minderheiten, der angemessenen Berücksichtigung wissenschaftlicher Expertise und der Bedeutung verantwortungsvoller medialer Berichterstattung haben diese gesellschaftliche Dynamik in all ihrer Brisanz deutlich hervortreten lassen. Angesichts dessen ist es umso wichtiger, sachlich und grundsätzlich über Möglichkeiten der rationalen Überzeugungsbildung und des vernünftigen Umgangs mit abweichenden Ansichten nachzudenken. Das vorliegende Buch soll in diesem Zusammenhang wertvolle Impulse geben und konkrete Orientierung bieten. Zugespitzt auf die Frage nach den

Grenzen einer toleranten Haltung und anhand konkreter gesellschaftlicher Diskurse sollen grundlegende Fragen des angemessenen Umgangs mit Meinungsverschiedenheiten erläutert und in ihrer praktischen Relevanz verdeutlicht werden.

Bei der Entstehung dieses Buches wurde ich auf verschiedene Weisen von zahlreichen Personen unterstützt, denen ich an dieser Stelle gerne meinen Dank aussprechen würde. So möchte ich mich zunächst bei Thomas Grundmann und Franziska Remeika für die hervorragende Betreuung und Begleitung dieses Projekts bedanken. Steffen Koch und Jonas Zorn danke ich herzlich für die sorgfältige Lektüre früher Textentwürfe, David Schweikard für die eingehende Begutachtung des eingereichten Manuskripts. Mein aufrichtiger Dank gilt schließlich auch Thomas Braunsfeld und Matthias Schöndube für die Freiräume, die sie mir gewährt haben, um auch abseits vom fordernden Schulalltag an diesem Buch arbeiten zu können.

Dominik Balg

Inhaltsverzeichnis

1 **Einleitung**   1

2 **Was es bedeutet, tolerant zu sein**   7
   2.1 Ein Definitionsversuch   11
   2.2 Toleranz gegenüber Überzeugungen   27

3 **Welchen Toleranzforderungen müssen wir
   nachkommen?**   33
   3.1 Kreationismus   36
   3.2 Rassismus   47
   3.3 Impfskepsis   56
   3.4 Leugnung des Klimawandels   64
   3.5 Bilanz   72

4 **Jenseits der Toleranz**   79
   4.1 Was nicht tolerant zu sein nicht bedeutet   80
   4.2 Alternativen zu einer toleranten Haltung   85

5   Fazit   91

6   Ergebnisse und Lehren   95

Literatur   99

1

Einleitung

„Man sollte immer auch Meinungen tolerieren, denen man eigentlich nicht zustimmen kann." Wenn Sie diese Aussage für richtig halten, befinden Sie sich in guter Gesellschaft: Bei einer im Jahr 2017 durchgeführten Studie des infas Instituts für angewandte Sozialwissenschaft gaben mehr als die Hälfte der Befragten an, der obigen Aussage zuzustimmen (Kitz 2018). Und tatsächlich sollte dieses Ergebnis nur wenig überraschen – gilt doch der Toleranzgedanke in unserer westlichen Gesellschaft als eine der zentralen intellektuellen Errungenschaften der Aufklärung. Toleranz, so die weit verbreitete Überzeugung, ist nicht nur unabdingbarer Bestandteil eines friedlichen Zusammenlebens unterschiedlicher Religionen, Kulturen und Lebensweisen, sondern eine notwendige Voraussetzung demokratischer Gesellschaftsstrukturen. Angesichts dessen sehen es viele als eine Selbstverständlichkeit an, sich nicht nur persönlich um eine möglichst tolerante

© Der/die Autor(en), exklusiv lizenziert durch Springer-Verlag GmbH, DE, ein Teil von Springer Nature 2021
D. Balg, *Toleranz – was müssen wir aushalten?*, #philosophieorientiert,
https://doi.org/10.1007/978-3-662-63423-3_1

Haltung zu bemühen, sondern auch von anderen eine tolerante Haltung einzufordern.

Gleichzeitig sehen wir uns zuweilen mit Toleranzforderungen konfrontiert, denen wir nicht ohne Weiteres nachkommen möchten: Wenn etwa Vertreterïnnen sexistischer, rassistischer oder homophober Positionen auf der Grundlage des Toleranzbegriffs finanzielle Unterstützung und mediale Aufmerksamkeit für sich einfordern, dann haben viele Menschen das Gefühl, als sei hier eine Grenze überschritten, jenseits derer Toleranzforderungen unberechtigt sind und guten Gewissens zurückgewiesen werden dürfen. Doch wo verläuft diese Grenze? Welche Positionen sollten in einem toleranten gesellschaftlichen Diskurs geduldet, und welche aus einem solchen Diskurs ausgeschlossen werden? Vor dem Hintergrund dieser Fragen haben sich viele der kontroversen Debatten um Meinungsfreiheit, Cancel Culture und Political Correctness entzündet, die aktuell in der Öffentlichkeit geführt werden. Auffällig an all diesen Debatten ist, dass der traditionell eher in linksliberalen Diskursen beheimatete Toleranzgedanke nun zunehmend auch von Vertreterïnnen konservativer und rechtsgerichteter Positionen bemüht wird, die sich als Opfer einer intoleranten Meinungsdiktatur wähnen. Als Beispiel für diese Dynamik mag eine Szene dienen, die sich im November 2018 im Deutschen Bundestag abgespielt hat: Nachdem sich die CDU-Politikerin und aktuelle Bundesministerin für Bildung und Forschung, Anja Karliczek, in den Medien kritisch gegenüber der Einführung der gleichgeschlechtlichen Ehe und dem Adoptivrecht für Homosexuelle geäußert und unter anderem die Durchführung langfristig angelegter Studien zum Kindeswohl in Regenbogenfamilien gefordert hatte, wurde sie im Bundestag von dem Grünen-Abgeordneten Kai Gehring dafür scharf kritisiert und mit entsprechenden Langzeitstudien konfrontiert, die bereits durchgeführt wurden und eindeutig gegen eine Beeinträchtigung des Kindeswohls in Regenbogenfamilien sprechen. Karliczeks Reaktion auf diese Konfrontation bestand nun in einer Forderung nach mehr Toleranz: Sie betonte, dass sie lediglich ihre persönliche Meinung dargelegt habe und zeigte sich überrascht, dass ausgerechnet eine Partei wie die Grünen, für deren Selbstverständnis der Wert der Toleranz doch eine zentrale Rolle zu spielen scheine, hierauf so intolerant reagiere (Puddig 2018).

Hat Karliczek mit ihrem Vorwurf recht? Hätte Gehring toleranter reagieren müssen? Bemerkenswert ist, dass Karliczeks Äußerung nicht nur einem wissenschaftlichen, sondern auch einem gesellschaftlichen Konsens klar zu widersprechen scheint. Zwar gibt es bislang nur wenige Untersuchungen zur gesellschaftlichen Wahrnehmung von Regenbogenfamilien, jedoch deuten die zur Verfügung stehenden Daten ein eindeutiges Bild an: So ergab etwa eine vom Bundesinstitut für Bevölkerungsforschung im Jahr 2013 durchgeführte Studie, dass 88 % der Befragten homosexuelle Paare mit Kindern als vollwertige Familien akzeptieren (Gründler und Schiefer 2013, S. 20) – fokussiert man auf die jüngste befragte Gruppe der 2- bis 24-Jährigen, steigt dieser Wert auf über 90 % (Gründler und Schiefer 2013, S. 21). Diese Zahlen legen die Vermutung nahe, dass eine wachsende Mehrheit der Bevölkerung Regenbogenfamilien für völlig unproblematisch hält. Wie sollte sich also diese gesellschaftliche Mehrheit zu Ansichten wie den von Karliczek geäußerten verhalten? Wo liegen die Grenzen einer toleranten Haltung, und welche Positionen müssen in einer toleranten Gesellschaft geduldet werden – kurz: *Was müssen wir alles aushalten?* Diese Fragen können nicht ohne einen näheren Blick auf den Begriff der Toleranz beantwortet werden. Um entscheiden zu können, welchen

Toleranzforderungen wir nachkommen sollten, müssen wir zunächst eine genaue Vorstellung davon haben, was diese Forderungen überhaupt von uns verlangen. Und tatsächlich wirft der Toleranzbegriff trotz initialer Attraktivität und Eingängigkeit bei näherem Nachdenken unmittelbar eine Vielzahl kniffliger Fragen auf: Muss Toleranz immer auf Gegenseitigkeit beruhen? Ist es widersprüchlich, auch intolerante Positionen zu tolerieren? Wie lässt sich eine tolerante Haltung von Einstellungen wie Aufgeschlossenheit, Gleichgültigkeit oder Akzeptanz abgrenzen? Sind wir moralisch zu einer toleranten Haltung verpflichtet – und wenn nicht, warum sollten wir überhaupt tolerant sein? Angesichts der zunehmenden Pluralisierung und Polarisierung öffentlicher Diskurse ist eine fundierte Auseinandersetzung mit solchen Fragen von größter Bedeutung für unser gesellschaftliches Zusammenleben. Um verantwortungsvoll mit abweichenden Ansichten und Standpunkten umgehen zu können, benötigen wir ein tieferes Verständnis davon, was Toleranz bedeutet und unter welchen Umständen Toleranz geboten ist.

Dieses Buch soll bei der Entwicklung eines solchen Verständnisses behilflich sein. In Kap. 2 soll – ausgehend von einer grundlegenden Auseinandersetzung mit dem Begriff der Toleranz – zunächst genauer geklärt werden, was es überhaupt bedeutet, die abweichenden Ansichten oder Positionen anderer zu tolerieren. Hier werde ich dafür argumentieren, dass sich die in politisch-gesellschaftlichen Diskursen häufig anzutreffenden Forderungen nach Toleranz auf eine ganz bestimmte Form von Toleranz beziehen, die einer spezifischen Begründung bedarf. Auf dieser Grundlage werde ich in Kap. 3 einen klaren Test entwickeln, mit dessen Hilfe entschieden werden kann, welchen dieser Forderungen wir nachkommen müssen und welche wir guten Gewissens zurückweisen können. In einem zweiten Schritt werde ich dann anhand konkreter Beispiele verschiedene mögliche Strategien diskutieren, diesen Test erfolgreich zu bestehen und eine überzeugende Forderung nach Toleranz zu formulieren. Im Ergebnis wird sich zeigen, dass es überraschend schwierig ist, erfolgreiche Toleranzforderungen zu etablieren. Vor diesem Hintergrund werde ich mich in Kap. 4 der Frage widmen, was eigentlich jenseits der Grenzen einer toleranten Haltung liegt. Wie sollen wir mit Positionen umgehen, die nicht tolerabel sind? Ich werde unter anderem dafür argumentieren, dass eine Entscheidung gegen Toleranz nicht mit einer Entscheidung für Intoleranz gleichzusetzen ist, und dass es auch jenseits der Toleranzgrenze spezifische Möglichkeiten des verantwortungsvollen Umgangs mit Meinungsverschiedenheiten gibt. In Kap. 5 werden die wichtigsten Ergebnisse der vorangegangenen Überlegungen noch einmal rückblickend zusammengefasst.

2

Was es bedeutet, tolerant zu sein

Was bedeutet eigentlich ‚Toleranz‘? Auch wenn diese Frage zunächst ziemlich abstrakt erscheint, müssen wir uns dennoch mit ihr beschäftigen, um besser entscheiden zu können, welchen Toleranzforderungen man nachkommen sollte und welche man guten Gewissens zurückweisen kann. Bevor wir uns jedoch voreilig auf irgendwelche Definitionsvorschläge stürzen, sollten wir zunächst einen Schritt zurücktreten und uns fragen, welche Bedingungen eine Definition überhaupt erfüllen müsste, um als erfolgreiche Definition des Toleranzbegriffs gelten zu können. Diese Bedingungen ergeben sich vor dem Hintergrund eines genaueren Nachdenkens über die alltagssprachliche Verwendung des Toleranzbegriffs und den mit dieser Verwendung verbundenen Funktionen und Erwartungen in öffentlichen Diskursen. Meiner Meinung nach lassen sich mindestens vier solcher Bedingungen formulieren.

© Der/die Autor(en), exklusiv lizenziert durch Springer-Verlag GmbH, DE, ein Teil von Springer Nature 2021
D. Balg, *Toleranz – was müssen wir aushalten?*, #philosophieorientiert,
https://doi.org/10.1007/978-3-662-63423-3_2

Erstens kann eine Definition des Toleranzbegriffs nur dann erfolgreich sein, wenn sie eine Unterscheidung zwischen gerechtfertigten und ungerechtfertigten Formen von Toleranz ermöglicht. Zwar gibt es durchaus Autor*innen, die dafür argumentiert haben, dass eine tolerante Haltung *per definitionem* gerechtfertigt ist (Forst 2003; Horton 1998) – dieser Vorschlag hätte jedoch die Konsequenz, dass es unmöglich wäre, jemanden für eine tolerante Haltung zu kritisieren. Diese Konsequenz ist aber insofern inakzeptabel, als es in alltäglichen Interaktionen offensichtlich möglich ist, dass eine Person bestimmte Handlungsweisen oder Standpunkte toleriert, die sie eigentlich nicht tolerieren sollte. Diese Möglichkeit findet jedoch nur dann angemessene Berücksichtigung, wenn wir den Toleranzbegriff nicht schon so definieren, dass ungerechtfertigte Formen der Toleranz von Vornherein ausgeschlossen werden.

Zweitens sollte eine erfolgreiche Definition des Toleranzbegriffs zulassen, einen Zusammenhang zwischen Toleranz und Vielfalt zu etablieren. Tatsächlich handelt es sich bei der Idee, dass es einen engen Zusammenhang zwischen Toleranz und Vielfalt gibt, um einen zentralen Gedanken des gesamten Toleranzdiskurses (vgl. etwa Audi 2012; Chang 2012, S. 270 f.). Gäbe es einen solchen Zusammenhang nicht, wäre überhaupt nicht klar, warum eine tolerante Haltung so eine große Bedeutung für den Erfolg demokratischer Gesellschaftsstrukturen haben oder effektiven Schutz vor der Diskriminierung von Minderheiten bieten sollte. Die Haltung der Toleranz scheint sich gerade deshalb so großer Beliebtheit zu erfreuen, weil sie ein friedliches und vielfältiges Nebeneinander verschiedener Haltungen und Lebensweisen zu ermöglichen verspricht. Eine erfolgreiche Definition des Toleranzbegriffs sollte Aufschluss darüber geben, worin genau der für den Toleranzgedanken so zentrale Zusammenhang zwischen Toleranz und Vielfalt besteht.

Drittens erwarten wir von einer erfolgreichen Definition, dass sie eine klare Eingrenzung der möglichen Objekte von Toleranz vornimmt – also der Dinge, von denen man überhaupt sinnvollerweise sagen kann, dass sie toleriert werden können. Offensichtlich kann man nämlich nicht einfach *alles* tolerieren – beispielsweise wäre es merkwürdig, zu sagen, dass man schlechtes Wetter toleriert. Doch was toleriert man eigentlich, wenn man tolerant ist? Sind Personen, Verhaltensweisen, Gewohnheiten, Absichten, Überzeugungen oder Vorlieben geeignete Objekte von Toleranz? Und was macht etwas überhaupt zu einem geeigneten Toleranzobjekt? Eine erfolgreiche Definition des Toleranzbegriffs sollte auch über diese Fragen Aufschluss geben.

Viertens sollte vor dem Hintergrund einer erfolgreichen Definition des Toleranzbegriffs deutlich werden, warum eine tolerante Haltung scheinbar sowohl mit einer Auszeichnung als auch mit einer Abwertung des Tolerierten einhergeht. Mit einer Auszeichnung geht eine tolerante Haltung deshalb einher, weil wir klarerweise nicht einfach alles, was wir tolerieren *können,* auch tolerieren *sollten.* Wir sollten nur das tolerieren, *was es wert ist, toleriert zu werden.* Diese Formulierung impliziert, dass etwas nur dann toleriert werden sollte, wenn es bestimmte positive Eigenschaften aufweist, die es der Tolerierung würdig machen. Gleichzeitig handelt es sich bei Toleranz aber auch um eine in gewisser Weise abwertende Haltung: So spricht bereits Immanuel Kant vom „hochmüthigen Namen der Toleranz" (Kant 1999, S. 25), und Johann Wolfgang von Goethe schreibt in seinen *Maximen und Reflexionen:* „Toleranz sollte nur eine vorübergehende Gesinnung sein: Sie muss zur Anerkennung führen. Dulden heißt beleidigen." (Goethe 1985, S. 507). Der in diesen Zitaten formulierte Gedanke, dass Toleranz mit einer Abwertung des Tolerierten einhergeht, ist auch in der gegenwärtigen Verwendung des Toleranzbegriffs regelmäßig anzutreffen – ein Beispiel hierfür wäre etwa die von Seiten der LGBT-Bewegung häufig geäußerte Forderung nach „Akzeptanz statt Toleranz". Eine erfolgreiche Definition des Toleranzbegriffs sollte also in der Lage sein, das für Toleranz charakteristische Spannungsverhältnis zwischen Auszeichnung und Abwertung näher zu beleuchten und auf einer allgemeinen Ebene zu erklären.

Somit haben wir vier *Adäquatheitsbedingungen* formuliert, also Bedingungen, die eine Definition erfüllen sollte, um als erfolgreiche Definition des Toleranzbegriffs gelten zu können. Vor dem Hintergrund dieser vier Bedingungen lassen sich bereits einige weit verbreitete Toleranzauffassungen als unangemessen zurückweisen. So scheinen etwa viele Menschen unter ‚Toleranz' zunächst lediglich eine duldsame *laissez faire*-Haltung zu verstehen, die sich in einem grundsätzlichen Gewährenlassen hinsichtlich anderer Kulturen, Lebensweisen und Gewohnheiten erschöpft. Sinnbildlich für dieses vortheoretische Verständnis von Toleranz sind etwa die entsprechenden Begriffserläuterungen des Duden, wo Toleranz schlichtweg als „Duldsamkeit" bzw. als „[Bereitschaft,] eine andere Anschauung, Einstellung, andere Sitten, Gewohnheiten u. a. gelten zu lassen" definiert wird (Dudenredaktion o. J.). Dass ein solches Toleranzverständnis der Revision bzw. zumindest der Ergänzung und Ausarbeitung bedarf, wird angesichts der soeben entwickelten Adäquatheitsbedingungen unmittelbar deutlich: Eine Definition, die unter Toleranz nichts weiteres als Duldung oder Geltenlassen versteht, vermag zwar vielleicht einen Zusammenhang zwischen Toleranz und Vielfalt zu etablieren (Adäquatheitsbedingung 2) – gleichzeitig liefert sie aber keinerlei Anhaltspunkte bezüglich der Frage nach den möglichen Objekten (Adäquatheitsbedingung 3) und

Rechtfertigungsbedingungen (Adäquatheitsbedingung 1) einer toleranten Haltung und vermag auch die charakteristische Ambivalenz einer toleranten Haltung (Adäquatheitsbedingung 4) nicht näher zu beleuchten. Dementsprechend bildet eine solche Definition auch nicht in angemessener Weise unsere spezifische Verwendungsweise des Toleranzbegriffs sowie die mit dieser Verwendungsweise verbundenen Funktionen und Erwartungen im Rahmen öffentlicher Diskurse ab.

Was wir also brauchen, ist ein reichhaltigeres Verständnis von Toleranz. Toleranz besteht scheinbar nicht nur in einem bloßen Gewährenlassen, sondern vielmehr in einer spezifischen Haltung, die nur unter besonderen Bedingungen gerechtfertigt ist und die nur gegenüber einer klar eingrenzbaren Menge von Objekten eingenommen werden kann. Um besser zu verstehen, worin genau diese Haltung besteht, werde ich im Folgenden zunächst eine in der philosophischen Literatur weit verbreitete und als „Standardkonzeption" bezeichnete (Balg 2020; Lohmar 2015) Toleranzdefinition näher vorstellen, um dann im Anschluss daran zu diskutieren, inwieweit es sich bei dieser Konzeption mit Blick auf unsere Adäquatheitsbedingungen um eine erfolgreichere Definition des Toleranzbegriffs handelt.

2.1   Ein Definitionsversuch

Gemäß der Standardkonzeption handelt es sich bei Toleranz um die *Duldung von etwas, das aus normativen Gründen sowohl abgelehnt als auch befürwortet wird* (Forst 2003, 2017; King 1998). Obwohl es sich hierbei noch um eine recht allgemeine Begriffsbestimmung handelt (und wir auch noch nicht geklärt haben, was es bedeutet, etwas *aus normativen Gründen* abzulehnen bzw. zu befürworten), ermöglicht sie dennoch direkt eine klare Unterscheidung zwischen Toleranz und anderen, verwandten Einstellungen. So würden wir beispielsweise in einem Fall, in dem jemand angesichts des Verhaltens einer anderen Person nicht eingreift, obwohl er dieses Verhalten ablehnt und in keiner Weise befürwortet, eher von *Ertragen* und nicht von Toleranz sprechen. Und in einem Fall, in dem jemand angesichts des Verhaltens einer anderen Person nicht eingreift, weil er dieses Verhalten befürwortet und in keiner Weise ablehnt, würden wir eher von *Akzeptanz* als von Toleranz sprechen.

Das Besondere an Toleranz ist also, dass es sich um eine Form des Nicht-Eingreifens handelt, für die das gleichzeitige Nebeneinander von Ablehnung und Befürwortung charakteristisch ist. Um ausgehend von dieser allgemeinen Bestimmung zu einem tieferen Verständnis des Toleranzbegriffs zu gelangen, nehmen wir uns nun die einzelnen Komponenten der Standardkonzeption genauer vor. Was ist damit gemeint, dass Ablehnung und Befürwortung im Rahmen einer toleranten Haltung *auf normativen Gründen* beruhen? Um was für eine Form des Nicht-Eingreifens handelt es sich bei toleranter Duldung? Und wie hängen die verschiedenen in der Standardkonzeption genannten Komponenten überhaupt zusammen? Bei der Beantwortung dieser Fragen wird es teilweise hilfreich sein, den Toleranzbegriff bewusst aus seinem üblichen, gesellschaftlich-politischen Verwendungskontext zu lösen, um so einen möglichst nüchternen und unbedarften Blick auf seine inhärente Struktur zu gewinnen.

Beginnen wir mit der ersten Frage – was ist damit gemeint, dass das für eine tolerante Haltung charakteristische Nebeneinander von Ablehnung und Befürwortung auf *normativen Gründen* beruhen muss? Normative Bewertungen – also Bewertungen, die auf normativen Gründen beruhen – beziehen sich darauf, was getan oder geglaubt werden *sollte*. Was getan oder geglaubt werden *sollte*, hängt wiederum eng damit zusammen, was wir als *wertvoll* erachten: Wenn wir es beispielsweise als *wertvoll* erachten, dass in unserer Gesellschaft politische Entscheidungen auf demokratischem Wege gefällt werden, dann *sollten* wir vermutlich auch versuchen, diese demokratischen Strukturen zu stärken und gegen etwaige Gefährdungen zu verteidigen. An dieser Stelle ist es nun hilfreich, verschiedene Arten oder Kategorien von Wert voneinander zu unterscheiden. Eine offensichtliche Wertkategorie ist die der *Moral*, Beispiele für moralische Werte sind etwa Autonomie, Gerechtigkeit oder Glück. Neben moralischen Werten gibt es aber vermutlich auch noch andere Arten von Werten – eine ebenfalls wichtige Wertkategorie ist beispielsweise die der *erkenntnisbezogenen* oder *epistemischen* Werte. Zu den epistemischen Werten zählen Dinge wie Wahrheit, Wissen oder rationale Meinungsbildung. Eine dritte wichtige Wertkategorie ist die der *ästhetischen* Werte, zu denen Dinge wie Schönheit, Erhabenheit oder Köstlichkeit zählen. Ob es noch weitere Wertkategorien gibt oder ob sich einzelne der genannten Wertkategorien letztendlich aufeinander reduzieren lassen, ist für den vorliegenden Zusammenhang ein Stück weit irrelevant. Irrelevant ist zumindest für den Augenblick auch noch, welche grundlegenden Unterschiede es zwischen den genannten Wertkategorien gibt – so könnte man etwa davon ausgehen, dass es im Bereich der ästhetischen Werte lediglich vom persönlichen Geschmack abhängt, was beispielsweise als schön oder hässlich zu gelten hat, während es im Bereich der moralischen Werte von allgemeingültigen Überlegungen abhängt, was beispielsweise als gerecht bezeichnet werden sollte. Für den vorliegenden Zusammenhang ist lediglich wichtig, dass es verschiedene Wertkategorien und somit auch verschiedene Arten von Toleranz gibt – nämlich je nachdem, vor welchem Werte-Hintergrund das Tolerierte abgelehnt bzw. befürwortet wird.

Nehmen wir etwa folgendes Beispiel: Eine Klimaschutz-organisation beschließt, religiöse Fanatiker*innen in ihren Reihen zu tolerieren. Zwar halten die Klimaschützer*innen die religiös geprägten Überlegungen, aufgrund derer diese Fanatiker*innen zu ihren klimapolitischen Über-zeugungen gekommen sind, für irrational und unver-nünftig – gleichzeitig halten sie diese Überzeugungen aber für wahr. Aus der Sicht der Klimaschützer*innen glauben die Fanatiker*innen also aufgrund schlechter Gründe das Richtige, weshalb sich die Klimaschützer*innen für eine tolerante Duldung entscheiden. In diesem Fall bezieht sich sowohl die Ablehnung der tolerierten Überzeugungen als irrational bzw. auf schlechten Gründen basierend als auch die Befürwortung dieser Überzeugungen als wahr klarerweise auf epistemische Werte, weshalb in diesem Fall auch von *epistemischer Toleranz* gesprochen werden kann. Ein Beispiel für *ästhetische Toleranz* wäre hingegen durch eine Situation gegeben, in der eine Studentin die Angewohnheit ihrer Mitbewohnerin toleriert, stunden-lang im gemeinsamen Wohnzimmer Bollywood-Filme zu schauen. Zwar kann sie der Musik in diesen Filmen nicht viel abgewinnen, doch sie findet die Tanzszenen schön und entscheidet sich deshalb für eine tolerante Duldung. In diesem Fall bezieht sich sowohl die Ablehnung des Ver-haltens der Mitbewohnerin (es geht mit der Wiedergabe von als unschön empfundener Musik einher) als auch die Befürwortung dieses Verhaltens (es geht mit der Dar-bietung von als schön empfundenen Tanzszenen einher) auf ästhetische Werte, weshalb in diesem Fall auch von ästhetischer Toleranz gesprochen werden kann. Analog zu den obigen beiden Fällen ließen sich auch Beispiele für moralische Toleranz finden (beispielsweise wenn jemand zu der Einschätzung kommt, dass eine bestimmte Handlung zwar *ungerecht,* aber gleichzeitig auch ein *Ausdruck von Autonomie* ist und sie aufgrund dessen toleriert). Darüber hinaus wird es auch verschiedene Mischformen von Toleranz geben, bei denen sich Ablehnung und Befürwortung auf jeweils unterschiedliche Wertkategorien beziehen – man denke hier etwa an einen Fall, in dem eine Atheistin die religiösen Überzeugungen ihrer sterbenden Großmutter toleriert, obwohl sie diese Überzeugungen für falsch und ungerechtfertigt hält (epistemische Ablehnung), weil sie gleichzeitig weiß, dass sie der Großmutter die Angst vor dem Tod nehmen und Trost spenden (moralische Befürwortung).

Nachdem wir nun ein besseres Verständnis davon haben, was es heißt, etwas *aus normativen Gründen* abzulehnen bzw. zu befürworten, müssen wir uns als nächstes der Frage widmen, um was für eine Form des Nicht-Eingreifens es sich bei toleranter Duldung eigentlich genau handelt. Denn tatsächlich scheinen wir es im Rahmen einer toleranten Haltung mit einer recht anspruchsvollen Form der Duldung zu tun zu haben, die klar über ein reines Gewährenlassen hinausgeht. Um diesen Punkt besser zu verstehen, betrachten wir noch einmal das obige Beispiel für ästhetische Toleranz: Wenn in diesem Fall unsere Protagonistin irgendwann so viel Gefallen an den dargebotenen Tanzszenen findet, dass sie selbst beginnt in ihrer Freizeit Bollywood-Filme zu schauen, dann geht ihre Haltung zum Verhalten ihrer Mitbewohnerin ab diesem Moment eindeutig über eine bloß tolerante Haltung hinaus. Oder um ein anderes Beispiel zu bemühen: Es wäre merkwürdig, wenn eine Vegetarierin von sich behaupten würde, Vegetarismus zu tolerieren – und zwar auch dann, wenn sie eine durchaus ambivalente Einstellung zur eigenen Ernährungsweise hat. Diese Überlegungen legen nahe, dass eine tolerante Duldung nicht nur darin besteht, eine andere Person das tun oder glauben zu lassen, was diese

Person eben glaubt oder tut. Zu einer toleranten Duldung gehört darüber hinaus, auch selbst eine klare Haltung zu der tolerierten Überzeugung oder Handlung einzunehmen – und zwar eine Haltung der *Abgrenzung*. Tolerant zu sein bedeutet dementsprechend, in eine abweichende Überzeugung oder Handlung nicht einzugreifen, sich aber gleichzeitig von dem Tolerierten abzugrenzen und selbst eben *nicht* die tolerierte Handlung auszuführen bzw. die tolerierte Überzeugung zu übernehmen.

Wie sieht es nun mit den Zusammenhängen zwischen den verschiedenen Komponenten einer toleranten Haltung aus? Die Standardkonzeption nennt Duldung, Ablehnung und Befürwortung als die zentralen Bestandteile von Toleranz. Was unter diesen Bestandteilen zu verstehen ist, haben wir uns bereits näher angeschaut – aber wie hängen die verschiedenen Bestandteile miteinander zusammen? Im Folgenden möchte ich zuerst auf den Zusammenhang zwischen der normativen Bewertung des Tolerierten und dessen Duldung eingehen, um mich dann näher auf die normative Bewertung selbst zu konzentrieren und zu diskutieren, wie im Rahmen einer toleranten Haltung das Verhältnis zwischen Ablehnung und Befürwortung auszusehen hat. Beginnen wir also mit dem Zusammenhang zwischen normativer Bewertung und Duldung – auch hier ist es hilfreich, zunächst einen konkreten Fall näher zu betrachten: Selma ist Lehrerin an einem Gymnasium. Einige ihrer Schülerinnen sind muslimischen Glaubens und tragen deshalb auch in der Schule und während des Unterrichts ein Kopftuch. Selma, die eine überzeugte Feministin ist, findet das einerseits problematisch, da in ihren Augen das Kopftuch ein Symbol für die Unterdrückung von Frauen darstellt. Andererseits ist sie sich aber auch bewusst, dass das offene Tragen von Kopftüchern ein Ausdruck von Religionsfreiheit ist. Da Selma selbst Atheistin ist, spielt der Aspekt der

Religionsfreiheit für sie im Vergleich zu den feministischen Aspekten lediglich eine untergeordnete Rolle, weshalb sie das Tragen von Kopftüchern in ihrem Unterricht am liebsten verbieten würde. Gleichzeitig ist sie sich aber im Klaren darüber, dass nicht alle diese Aspekte so gegeneinander abwägen würden, und dass ein Kopftuchverbot in der Elternschaft für einige Empörung sorgen würde. Eine solche Kontroverse möchte Selma jedoch auf jeden Fall vermeiden, da sie ehrgeizige Karriereziele verfolgt und einen möglichst guten Eindruck bei der Schulleitung machen möchte. Deshalb entscheidet sie sich zähneknirschend dazu, das Tragen von Kopftüchern weiterhin zu dulden.

In diesem Fall ist es in gewisser Weise merkwürdig, Selmas Haltung als tolerant zu bezeichnen. Trotzdem liegen alle Bestandteile einer toleranten Haltung vor: Selma duldet das Tragen von Kopftüchern, und auch die Bedingung des gleichzeitigen Nebeneinanders von Ablehnung und Befürwortung ist erfüllt. Zugleich ist klar, dass sowohl Ablehnung als auch Befürwortung in der für eine tolerante Haltung charakteristischen Weise auf normativen Gründen beruhen, da mit den Werten der Geschlechtergerechtigkeit und der Religionsfreiheit eindeutig moralische Werte im Hintergrund der widersprechenden Bewertungen stehen. Trotzdem ist Selma in diesem Fall streng genommen nicht wirklich tolerant und der offensichtliche Grund hierfür ist, dass Selma das Tragen von Kopftüchern in ihrem Unterricht *aus rein pragmatisch-egoistischen Motiven* duldet – schließlich duldet sie es nur, weil sie keinen Ärger mit der Elternschaft oder der Schulleitung haben möchte, und nicht etwa, weil der Aspekt der Religionsfreiheit in ihren Augen einen gewichtigen moralischen Grund gegen ein Kopftuchverbot im Schulunterricht darstellen würde.

Das bedeutet, dass im Rahmen einer toleranten Haltung ein spezifischer Zusammenhang zwischen den konfligierenden Bewertungen des Tolerierten und dessen Duldung bestehen muss. Man ist nicht schon dann tolerant, wenn man etwas duldet, das man gleichzeitig ablehnt und befürwortet. Tolerant ist man erst dann, wenn man etwas duldet, *obwohl* man es ablehnt, *weil* man es gleichzeitig befürwortet. Oder anders ausgedrückt: Duldung ist nur dann ein Ausdruck von Toleranz, wenn sie in geeigneter Weise auf dem gleichzeitigen Nebeneinander von Ablehnung und Befürwortung *basiert*. Angewandt auf unseren konkreten Fall bedeutet das: Selma wäre nur dann tolerant, wenn sie das Tragen von Kopftüchern in ihrem Unterricht dulden würde, obwohl sie es aus der Perspektive der Geschlechtergerechtigkeit ablehnt, weil sie es gleichzeitig aus der Perspektive der Religionsfreiheit befürwortet. Da Selma lediglich duldsam ist, weil sie keinen Ärger mit Elternschaft und Schulleitung haben möchte, ist sie nicht tolerant.

Wie sieht es nun mit dem Zusammenhang zwischen Ablehnung und Befürwortung aus? Bis jetzt haben wir nur festgestellt, dass für die normative Bewertung, auf der die Duldung des Tolerierten basiert, ein gleichzeitiges Nebeneinander von Ablehnung und Befürwortung charakteristisch ist. Muss darüber hinaus ein besonderes Verhältnis von Ablehnung und Befürwortung vorliegen, um sinnvollerweise von Toleranz sprechen zu können? Beginnen wir wieder mit einem konkreten Beispiel: Daniel ist Chefarzt an einem großen Krankenhaus. In diesem Krankenhaus wird Rheumapatient*innen eine neuartige Therapie angeboten. Die Therapie besteht darin, dass ihnen über wenige Tage hinweg ein spezielles Medikament verabreicht wird, das starke und teilweise sehr schmerzhafte Nebenwirkungen verursacht. Nachdem das Medikament abgesetzt wird, lassen die Nebenwirkungen jedoch nach und die rheumatischen Beschwerden sind dauerhaft gelindert. Obwohl durch diese Therapie auf lange Sicht sehr viel Leid vermieden werden kann, gibt es kaum Patient:innen, die in die Therapie einwilligen. Der Grund dafür ist, dass die meisten Patient:innen das kurzfristige Leid, das durch die Nebenwirkungen des Medikaments verursacht wird, überschätzen und das langfristige Leid, das ihnen durch den Einsatz des Medikaments erspart bliebe, unterschätzen. Diese Tendenz sorgt unter den Ärzt:innen des Krankenhauses für einige Frustration. Nun erfährt Daniel davon, dass Marie, eine der Oberärzt:innen des Krankenhauses, angefangen hat, Patient:innen auch gegen deren Willen heimlich das Medikament zu verabreichen.

Nehmen wir an, Daniel entscheidet sich dazu, Maries Verhalten zu dulden. Wäre es sinnvoll, in diesem Fall von Toleranz zu sprechen? Klarerweise hängt die Beantwortung dieser Frage davon ab, worin Daniels Entscheidung, Maries Verhalten zu dulden, begründet ist. Nehmen wir etwa an, Daniel lehnt Maries Verhalten insofern ab, als dass es zu einer kurzfristigen Verschlechterung des Patient:innenwohls führt, und er befürwortet es, insofern es zu einer langfristigen Verbesserung des Patient:innenwohls führt. In gewisser Weise würde in diesem Fall zwar ein Nebeneinander von Ablehnung und Befürwortung vorliegen, wie es für eine tolerante Haltung charakteristisch ist. Das Problem ist hier allerdings, dass sich die kurzfristigen und langfristigen Auswirkungen der Therapie auf das Patient:innenwohl prinzipiell gegeneinander aufrechnen ließen, so dass Daniel letztendlich zu einem eindeutigen Ergebnis kommen müsste und das für eine tolerante Haltung charakteristische Nebeneinander von Ablehnung und Befürwortung kollabieren würde. Angesichts dieser Überlegung können wir schon eine erste Bedingung für das toleranzspezifische Verhältnis von

Ablehnung und Befürwortung formulieren: Ablehnung und Befürwortung müssen sich auf unterschiedliche Werte beziehen, damit sie nicht ohne Weiteres gegeneinander aufgewogen werden können.

Nehmen wir jedoch stattdessen an, Daniel bezieht bei seinen Überlegungen nicht nur die Auswirkungen auf das Patientïnnenwohl mit ein. So könnte es etwa sein, dass Daniel es grundsätzlich für verwerflich hält, sich über den Willen von Patientïnnen hinwegzusetzen. In diesem Fall könnte es durchaus sinnvoll sein, von Toleranz zu sprechen, wenn sich Daniel dazu entscheidet, Maries Verhalten zu dulden – etwa dann, wenn er sich dazu entscheidet, obwohl er die Missachtung des Patientïnnenwillens für verwerflich hält, weil er die Verbesserung des Patientïnnenwohls insgesamt für hinreichend groß hält. Inwiefern es in einem solchen Fall sinnvoll wäre, von Toleranz zu sprechen, hängt nun klarerweise davon ab, was damit gemeint ist, dass die Verbesserung des Patientïnnenwohls insgesamt *hinreichend groß* sind. Nehmen wir etwa an, die positiven langfristigen Folgen überwiegen *gerade so* die negativen langfristigen Folgen, so dass insgesamt von einer minimalen Verbesserung des Patientïnnenwohls ausgegangen werden kann. Wird dieser minimalen Verbesserung des Patientïnnenwohls eine *massive* Missachtung des Patientïnnenwillens entgegengestellt, wäre die Entscheidung für eine duldsame Haltung wohl weniger ein Ausdruck von Toleranz als vielmehr ein Ausdruck von Ignoranz – nämlich Ignoranz gegenüber den massiven Gründen, die für eine Ablehnung von Maries Verhalten sprechen. Genauso verhält es sich in einem Fall, in der einer massiven Verbesserung des Patientïnnenwohls eine vergleichsweise harmlose Missachtung des Patientïnnenwillens entgegengestellt wird (nehmen wir etwa an, der Patientïnnenwille ist nur sehr schwach ausgeprägt): Auch in

einem solchen Fall wäre die Entscheidung für eine duldsame Haltung weniger ein Ausdruck von Toleranz als
vielmehr ein Ausdruck von Ignoranz – und zwar hier
Ignoranz gegenüber den massiven Gründen, die für eine
Befürwortung von Maries Verhalten sprechen. Diese Überlegungen legen die Vermutung nahe, dass im Rahmen einer
toleranten Haltung Ablehnung und Befürwortung in einem
ausgewogenen Verhältnis zueinander stehen müssen. Was
das genau bedeutet, ist jedoch auf einer allgemeinen Ebene
schwierig zu bestimmen. Um ein besseres Gefühl für das
hier relevante Verhältnis von Ablehnung und Befürwortung
zu entwickeln, ist es hilfreich, einmal im Kopf verschiedene
Varianten des obigen Falls durchzugehen und dabei sowohl
die Stärke des Patientïnnenwillens als auch die langfristige
Verbesserung des Patientïnnenwohls zu vergrößern oder zu
verkleinern – ab welchem Punkt würden Sie eine duldsame
Haltung hier als *tolerant* bezeichnen?

Einige Philosophïnnen haben vorgeschlagen, dass von
einer toleranten Duldung dann zu sprechen ist, wenn
eine *Gleichwertigkeit* von Ablehnung und Befürwortung
besteht (Brown 2000, S. 271; Forst 2003, S. 18). Dieser
Vorschlag ist wie folgt zu verstehen: Wie wir gesehen
haben, ist man nur dann tolerant, wenn man sich selbst
von dem Tolerierten abgrenzt. Die für eine tolerante
Haltung charakteristische Abgrenzung basiert dabei auf
der normativen Ablehnung des Tolerierten – in dem
obigen Fall wäre Daniel etwa nur dann tolerant, wenn er
selbst die entsprechenden Therapien nicht durchführen
würde, weil er die damit einhergehende Missachtung
des Patientïnnenwillens für problematisch hält. Der für
eine tolerante Haltung ebenfalls charakteristische Aspekt
des Gewährenlassens bzw. Nicht-Eingreifens basiert
demgegenüber auf der normativen Befürwortung des
Tolerierten. So wäre Daniel nur dann tolerant, wenn er
davon absehen würde, in Maries Verhalten einzugreifen,

weil er davon ausgeht, dass die langfristigen Folgen für das Patientïnnenwohl positiv sind. Zu sagen, dass im Rahmen einer toleranten Haltung eine Gleichwertigkeit zwischen Ablehnung und Befürwortung bestehen muss, würde in dem konkreten Fall nun bedeuten, dass Daniel nur dann tolerant ist, wenn er zugesteht, dass die Gründe, die Marie für ihr Verhalten anführen kann, in etwa genauso gewichtig sind wie die Gründe, die er für sein eigenes Verhalten anführen kann. Oder anders ausgedrückt: Daniel würde, insofern er tolerant ist, zwar darauf bestehen, die entsprechenden Therapien aus Respekt für den Patientïnnenwillen nicht durchzuführen, aber gleichzeitig zugestehen, dass Maries Entscheidung, angesichts der positiven Langzeitfolgen die Therapien durchzuführen, gleichermaßen legitim ist.

Inwieweit der obige Vorschlag letztendlich eine befriedigende Antwort auf die Frage nach dem für eine tolerante Haltung charakteristischen Verhältnis von Ablehnung und Befürwortung zu geben vermag, kann an dieser Stelle nicht abschließend geklärt werden. Dennoch scheint es mir sinnvoll, diesen Vorschlag mit Hinblick auf die noch folgende Diskussion konkreter Toleranzforderungen im Hinterkopf zu behalten. Nun wollen wir jedoch zunächst einen Schritt zurücktreten und die Ergebnisse der bisherigen Diskussion der Standardkonzeption zusammenzufassen: Gemäß der Standardkonzeption handelt es sich bei Toleranz um die Duldung von etwas, das aus normativen Gründen sowohl abgelehnt als auch befürwortet wird. Die für eine tolerante Haltung charakteristische Form der Duldung besteht dabei nicht nur in einem reinen Gewährenlassen, sondern beinhaltet vielmehr auch eine klare Haltung der persönlichen Abgrenzung. Rationalisiert wird diese Form der Duldung durch ein gleichzeitiges Nebeneinander von normativ begründeter Ablehnung und Befürwortung, wobei sich

Ablehnung und Befürwortung auf unterschiedliche
Werte beziehen und in einem ausgewogenen Verhältnis zueinander stehen müssen. Diese Ergebnisse lassen
sich mit Hilfe der folgenden Abbildung veranschaulichen
(Abb. 2.1).

Zu Beginn des Kapitels haben wir vier Adäquatheitsbedingungen formuliert, die eine Definition erfüllen
sollte, um als erfolgreiche Definition des Toleranzbegriffs
gelten zu können. Erfüllt die Standardkonzeption diese
Adäquatheitsbedingungen? Die erste Bedingung war,
dass eine erfolgreiche Toleranzdefinition eine Unterscheidung zwischen gerechtfertigten und ungerechtfertigten Formen von Toleranz ermöglichen muss. Hierfür
hat die Standardkonzeption die nötigen Ressourcen, denn
das gemäß der Standardkonzeption für eine tolerante
Haltung charakteristische Nebeneinander von Ablehnung
und Befürwortung kann klarerweise mehr oder weniger
gerechtfertigt sein: Regelmäßig lehnen Menschen Dinge
ab, die vermutlich nicht ablehnenswert sind, und ebenso
oft werden Dinge befürwortet, die vermutlich nicht

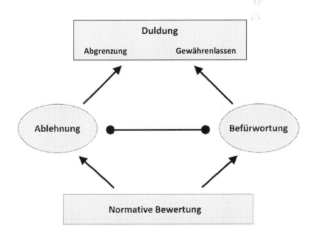

Abb 2.1 Die inhärente Struktur einer toleranten Haltung

befürwortenswert sind. In Fällen, in denen eine tolerante Haltung auf solch ungerechtfertigten Formen von Ablehnung und Befürwortung basiert, ist es sinnvoll, von ungerechtfertigter Toleranz zu sprechen.

Die zweite Adäquatheitsbedingung besagt, dass eine erfolgreiche Toleranzdefinition einen engen Zusammenhang zwischen Toleranz und Vielfalt etablieren können muss. Auch hierzu ist die Standardkonzeption in der Lage: So kann vor dem Hintergrund der Standardkonzeption der postulierte Zusammenhang zwischen Toleranz und Vielfalt erstens darauf zurückgeführt werden, dass es sich bei der für eine tolerante Haltung charakteristischen Form der Duldung um eine besondere Art des Gewährenlassens handelt. Wenn tolerante Personen davon absehen, gegen abweichende Überzeugungen und Verhaltensweisen vorzugehen, dürfte es nicht weiter verwundern, dass tolerante Gesellschaften zu einem Pluralismus verschiedener Ansichten und Lebensweisen tendieren. Verstärkt wird diese Tendenz zweitens dadurch, dass die im Rahmen der Standardkonzeption explizierte Form der Duldung auch mit einer persönlichen Abgrenzung einhergeht: Tolerante Personen sehen zwar davon ab, anderen ihren eigenen Standpunkt aufzudrängen, bleiben aber gleichzeitig bei ihrem eigenen Standpunkt. Diese für eine tolerante Haltung typische Kombination aus Beharrlichkeit und Zurückhaltung wird treffend in der verbreiteten Phrase „leben und leben lassen" zum Ausdruck gebracht und kann durch die Standardkonzeption mit ihrer spezifischen Interpretation des Duldungsbegriffs problemlos erklärt werden.

Die dritte Adäquatheitsbedingung fordert von einer erfolgreichen Toleranzdefinition eine klare Eingrenzung möglicher Toleranzobjekte. Welche Dinge sind überhaupt geeignete Objekte einer toleranten Haltung? Die Standardkonzeption gibt eine eindeutige Antwort auf diese Frage:

Da sie die normative Bewertung des Tolerierten als Grundlage toleranter Duldung identifiziert, können demzufolge auch nur solche Dinge toleriert werden, die einer normativen Bewertung zugänglich sind. Welche Dinge sind das? Wie bereits erwähnt, ist das Besondere an normativen Bewertungen, dass sie sich darauf beziehen, was getan oder geglaubt werden *sollte*. Hierdurch wird das Spektrum möglicher Toleranzobjekte stark eingeschränkt: Nehmen wir etwa an, eine Lawine rollt einen Berghang herunter und droht ein Hotel zu zerstören. In diesem Fall könnten wir vermutlich sagen, dass es *besser* oder *wünschenswert* wäre, wenn die Lawine das Hotel nicht zerstört. Was wir jedoch nicht sagen können, ist, dass die Lawine das Hotel nicht zerstören *sollte*. Das liegt daran, dass die Lawine keine Akteurin ist, die sich dafür oder dagegen entscheiden kann, das Hotel zu zerstören. Zwar mag es *Ursachen* dafür geben, dass die Lawine das Hotel zerstört – das bedeutet jedoch nicht, dass sie auch *Gründe* dafür hat, das Hotel zu zerstören. Wenn jedoch nur toleriert werden kann, was aus Gründen geschieht und somit einer normativen Bewertung zugänglich ist, dann beschränkt sich das Spektrum möglicher Toleranzobjekte auf Phänomene wie Handlungen, Verhaltensweisen oder Überzeugungen.

Diese Beobachtung hat bereits einige wichtige und auf den ersten Blick überraschende Konsequenzen: Beispielsweise bezieht sich eine ganze Reihe weit verbreiteter Toleranzforderungen auf Toleranz gegenüber Homosexuellen. Angesichts der obigen Überlegungen ist jedoch nicht klar, ob es sich bei Homosexualität überhaupt um ein geeignetes Objekt von Toleranz handelt. So ist es weiten Teilen der LGBT-Bewegung gerade ein Anliegen, zu verdeutlichen, dass es sich bei Homosexualität nicht um etwas handelt, für oder gegen das man sich einfach entscheiden kann. Wenn die sexuelle Orientierung jedoch – so wie etwa die Augenfarbe oder die Körpergröße – nichts ist, wofür oder wogegen man sich aufgrund guter Gründe entscheiden kann, dann scheint es sich bei der sexuellen Orientierung auch nicht um ein geeignetes Objekt einer toleranten Haltung zu handeln. Das bedeutet selbstverständlich nicht, dass hierdurch der Benachteiligung oder Diskriminierung Homosexueller irgendeine Form der Berechtigung zukommt – sondern lediglich, dass die Haltung, die Homosexuelle ihrer sexuellen Orientierung gegenüber einfordern sollten, nicht in einer toleranten Haltung besteht.

Die vierte und letzte unserer Adäquatheitsbedingungen besagt, dass eine erfolgreiche Toleranzdefinition erklären können muss, warum eine tolerante Haltung sowohl mit einer Auszeichnung als auch mit einer Abwertung des Tolerierten einherzugehen scheint. Dass die Standardkonzeption hierzu in der Lage ist, sollte geradezu offensichtlich sein. Gemäß der Standardkonzeption ist das gleichzeitige Nebeneinander von Ablehnung und Befürwortung charakteristisch für eine tolerante Haltung, was die Ambivalenz der Auszeichnung einer Handlung oder Sichtweise als tolerabel direkt begreifbar macht. Auch hier wird, anknüpfend an die obigen Überlegungen, deutlich, warum Forderungen nach Toleranz gegenüber Homosexualität in gewisser Weise fehlgeleitet wirken: So könnte man etwa auf die im vorigen Absatz erläuterte Überlegung erwidern, dass zwar Homosexualität *als sexuelle Orientierung* kein geeigneter Gegenstand normativer Bewertung und somit auch kein mögliches Objekt einer toleranten Haltung sein mag, dass aber *homosexuelle Praktiken* sehr wohl etwas sind, wofür oder wogegen man sich entscheiden kann und mithin auch ein geeignetes Objekt möglicher Toleranzforderungen darstellen. Das Problem an dieser Erwiderung ist allerdings, dass selbst wenn man Toleranzforderungen Homosexueller als Forderungen nach Toleranz gegenüber homosexuellen Praktiken interpretiert, somit immer noch nicht klar ist, worin überhaupt eine gerechtfertigte normative Ablehnung dieser Praktiken bestehen sollte. Da für eine tolerante Haltung das gleichzeitige Nebeneinander normativer Ablehnung und Befürwortung jedoch charakteristisch ist, scheinen entsprechende Toleranzforderungen die Plausibilität einer solchen Ablehnung direkt vorauszusetzen.

Der Standardkonzeption der Toleranz gelingt es also problemlos, alle von uns formulierten Bedingungen für eine erfolgreiche Definition des Toleranzbegriffs zu erfüllen. In ihrer Komplexität geht sie zwar vermutlich weit über alltägliche Toleranzauffassungen hinaus – gleichzeitig ist sie aber gerade deshalb auch besser in der Lage, unsere durchaus spezifische Verwendungsweise des Toleranzbegriffs sowie die mit ihr verbundenen Funktionen und Erwartungen im Kontext öffentlicher Diskurse genau abzubilden. Dementsprechend haben wir in ihr eine vielversprechende philosophische Grundlage gefunden, vor deren Hintergrund wir konkrete Positionen auf ihre Tolerierbarkeit hin untersuchen können. Bevor wir uns dieser Aufgabe im nächsten Kapitel zuwenden, bedarf es jedoch noch einer letzten inhaltlichen Schärfung.

2.2 Toleranz gegenüber Überzeugungen

Vor dem Hintergrund der Standardkonzeption haben wir bereits ein besseres Verständnis davon gewonnen, was es bedeutet, tolerant zu sein. Dieses Verständnis muss mit Blick auf unser spezifisches Anliegen jedoch noch weiter konkretisiert werden: Das übergreifende Problem, mit dem wir uns beschäftigen, dreht sich um die Frage nach dem Wesen und den Grenzen eines *toleranten gesellschaftlichen Diskurses.* Entsprechende Toleranzforderungen, die an diesen Diskurs gerichtet werden, beziehen sich nun scheinbar auf eine ganz spezifische Form von Toleranz. Um was für eine Form von Toleranz es sich hierbei handelt, wird deutlich, wenn man sich vergegenwärtigt, in welchen Kontexten diese Forderungen besonders prominent sind: So treten die für uns relevanten Toleranzforderungen etwa regelmäßig dort auf, wo darüber diskutiert wird, welche Artikel veröffentlicht, welche Rednerïnnen eingeladen, welche Kundgebungen verboten, welche Parteien erlaubt, welche Künstlerïnnen zensiert oder welche Autorïnnen gelesen werden dürfen und sollten. All diese Diskussionen drehen sich um die Frage, wie wir uns dazu verhalten sollten, dass Personen bestimmte Positionen und Ansichten vertreten, die von der Mehrheit der Gesellschaft – und oftmals auch von einem entsprechenden wissenschaftlichen Konsens – abgelehnt werden. Dementsprechend richten sich die für unseren Zusammenhang relevanten Toleranzforderungen insofern auf eine besondere Form von Toleranz, als dass es sich um Forderungen nach Toleranz gegenüber einem spezifischen Objekt, nämlich gegenüber abweichenden *Überzeugungen* bzw. *Meinungen* handelt. Wenn in diesem Buch von Toleranz gegenüber Positionen oder Ansichten die Rede ist, geht es uns also nicht um abstrakte Theorien oder Ideen, sondern um konkrete Überzeugungen von konkreten Personen als spezifische Objekte einer geforderten toleranten Haltung. Doch was bedeutet es überhaupt, eine abweichende Überzeugung zu tolerieren?

Wie wir gesehen haben, basiert eine tolerante Haltung stets auf konfligierenden normativen Bewertungen des Tolerierten. Dementsprechend lassen sich mit Blick auf Toleranz gegenüber Überzeugungen als besonderer Form von Toleranz wiederum verschiedene Spielarten voneinander unterscheiden – nämlich vor dem Hintergrund der jeweiligen Wertkategorien, die der konfligierenden normativen Bewertung einer tolerierten Überzeugung konkret zugrunde liegen können. Die offensichtlichsten Kandidaten für normative Bewertungen von Überzeugungen sind nun solche, die sich auf epistemische Werte beziehen. So können wir etwa bewerten, ob Überzeugungen *wahr* oder *falsch, begründet* oder *unbegründet, rational* oder *irrational* sind. Darüber hinaus können wir bewerten, ob eine Person das, wovon sie überzeugt ist, auch *weiß* oder *versteht* – beispielsweise würden wir von einer abergläubischen Person, die der festen Überzeugung ist, dass ihr Zug heute deshalb Verspätung hat, weil ihr auf dem Weg zum Bahnhof eine schwarze Katze über den Weg gelaufen ist, weder sagen, dass sie *weiß*, warum ihr Zug Verspätung hat, noch, dass sie *versteht*, warum ihr Zug Verspätung hat. Vermutlich gehen die Möglichkeiten, Überzeugungen einer normativen Bewertung zu unterziehen, aber weit über den Bereich epistemischer Bewertungen hinaus. Ein wichtiger Grund für die Plausibilität dieser Annahme ist, dass es einen engen Zusammenhang zwischen Überzeugungen und Handlungen gibt. Entscheidungen werden auf der Basis von Überzeugungen getroffen, und Handlungen auf der Basis von Überzeugungen ausgeführt. Sofern diese Entscheidungen und Handlungen nun ihrerseits moralisch bewertet werden, kann diese Bewertung zumindest in manchen Fällen auch auf die zugrundeliegenden Überzeugungen abfärben: Beispielsweise würden wir sexistische Überzeugungen wohl unter anderem deshalb auch als moralisch problematisch bewerten, weil sie sexistisches Verhalten begünstigen und somit direkt zu moralisch problematischen Formen der Diskriminierung beitragen.

Neben dem engen Zusammenhang zwischen Überzeugungen und Handlungen besteht eine weitere für die

normative Bewertung relevante Besonderheit von Überzeugungen darin, dass Menschen ihre Überzeugungen oft
nicht für sich behalten. Das hat zur Folge, dass sich viele
Überzeugungen auf größere Personengruppen ausbreiten
– ein Phänomen, das durch die neuen Möglichkeiten des
Meinungsaustauschs in sozialen Netzwerken vermutlich
aktuell von größerer Bedeutung ist als jemals zuvor. Dementsprechend muss bei der Bewertung einer Überzeugung
nicht nur berücksichtigt werden, wie diese Überzeugung
für sich genommen bewertet werden sollte, sondern
auch, wie hoch die Wahrscheinlichkeit einer Ausbreitung
dieser Überzeugung ist. So würden wir beispielsweise die
rassistischen Überzeugungen einer Eremitin vermutlich
als weniger problematisch bewerten als die rassistischen
Überzeugungen einer Person des öffentlichen Lebens.
Die Überlegung dahinter ist, dass im Fall der Person des
öffentlichen Lebens eine größere Gefahr besteht, dass viele
Personen die rassistischen Überzeugungen übernehmen.

Nachdem wir somit eine genauere Vorstellung davon
entwickelt haben, was es für Möglichkeiten gibt, eine
Überzeugung normativ zu bewerten, müssen wir uns
noch kurz damit beschäftigen, was es überhaupt heißt,
eine Überzeugung zu dulden. Bei näherer Betrachtung
scheint sich hier nämlich ein Problem zu ergeben: Wie
wir gesehen haben, gehört es zu einer toleranten Duldung,
nicht in das Tolerierte einzugreifen. Das bedeutet, dass
man eine abweichende Überzeugung nur dann toleriert,
wenn man davon absieht, in diese Überzeugung einzugreifen. Eine erste Sorge ist nun, dass es streng
genommen überhaupt keinen Sinn macht, davon abzusehen, in eine abweichende Überzeugung einzugreifen,
weil es schlichtweg unmöglich ist, in die Überzeugungen
anderer einzugreifen. „Die Gedanken sind frei" ist ein
geflügeltes Wort, und tatsächlich scheint in dieser Floskel
ein wichtiger Unterschied zwischen Überzeugungen und

Handlungen zum Ausdruck gebracht: Während es nämlich problemlos möglich ist, andere Personen durch
äußeren Zwang von der Ausführung bestimmter Handlungen abzuhalten, ist zunächst überhaupt nicht klar, wie
es möglich sein soll, Personen von der Bildung bestimmter
Überzeugungen abzuhalten. Denn Überzeugungen, so
scheint es, sind „im Kopf" und entziehen sich somit jeglicher direkten Kontrolle von außen.

Ein genauerer Blick zeigt jedoch schnell, dass diese
Überlegung nicht ganz richtig sein kann: Verschiedene
religiöse Sekten und diktatorische Regimes haben in
der Vergangenheit eindrucksvoll bewiesen, dass es sehr
wirkungsvolle Strategien und Methoden gibt, andere Leute
dazu zu bringen, bestimmte Überzeugungen zu haben.
Diese Beobachtung führt uns aber direkt zu einer weiteren
Sorge. Diese Sorge besteht darin, dass es vielleicht nicht
unmöglich, in jedem Fall aber *moralisch höchst problematisch*
ist, die Überzeugungen anderer Personen direkt zu beein-
flussen. So zeigen schon die Beispiele der religiösen Sekte
und des diktatorischen Regimes, dass es sich bei der Ein-
mischung in die Überzeugungen anderer um ein höchst
zweifelhaftes Unterfangen handelt. Tatsächlich liegt angesichts dieser Beispiele der Gedanke an Gehirnwäsche,
Manipulation und krude Formen der Indoktrination nahe.
Gleichzeitig sollte aber auch klar sein, dass unabhängig von
solchen Extrembeispielen der gezielte Eingriff in die Überzeugungen anderer etwas völlig Alltägliches ist. Das beste
Beispiel hierfür ist unser Bildungssystem – so besteht in
Deutschland Schulpflicht. Und während das Schulsystem
eine ganze Reihe verschiedener Ziele verfolgt, besteht
ein wesentliches Ziel nach wie vor in der Vermittlung
von Wissen und damit in der Sicherstellung spezifischer
Überzeugungen: Jugendliche sollen nach erfolgreichem
Abschluss ihrer Schullaufbahn etwa davon überzeugt sein,

dass $2+2=4$ ist, dass Delphine Säugetiere sind, dass das erste Wort eines Satzes großgeschrieben wird usw.

Darüber hinaus ist auch davon auszugehen, dass das Schulsystem einen gewissen Erfolg bei der Erreichung dieses Ziels hat – die meisten Menschen haben viele Überzeugungen, die sie nicht hätten, wenn sie nicht in die Schule gegangen wären. Die gezielte Einflussnahme auf die Überzeugungen anderer ist also nicht nur möglich, sondern sogar völlig alltäglich. Tatsächlich handelt es sich bei der systematischen Einflussnahme durch das Bildungssystem nur um ein Beispiel von vielen: Wann immer wir über die Grenzen argumentativer Diskurse, der freien Verfügbarkeit von Informationen, der künstlerischen Freiheit oder der medialen Berichterstattung sprechen, verhandeln wir auch über die Grenzen der Einflussnahme auf die Überzeugungsbildung anderer Personen. Die Frage nach einer toleranten Duldung konfligierender Überzeugungen ist also offensichtlich von größter Bedeutung für unser gesellschaftliches Zusammenleben. Dementsprechend werden wir uns nun im nächsten Kapitel der Frage widmen, unter welchen Bedingungen Forderungen nach einer toleranten Duldung abweichender Ansichten überzeugend sind und auf gesellschaftlicher Ebene akzeptiert werden müssen.

3

Welchen Toleranzforderungen müssen wir nachkommen?

Welchen Toleranzforderungen müssen wir nachkommen, und welche können wir guten Gewissens zurückweisen? Vor dem Hintergrund der im letzten Kapitel erarbeiteten begrifflichen Grundlagen sind wir nun in der Lage, diese Frage zu beantworten und einen konkreten Test zu entwickeln, mit dessen Hilfe erfolgreiche von erfolglosen Toleranzforderungen unterschieden werden können. Wie wir gesehen haben, basiert eine tolerante Duldung immer auf einer spezifischen Grundlage – tolerant zu sein bedeutet, *auf der Grundlage einer spezifischen normativen Bewertung* eine duldsame Haltung einzunehmen. Dementsprechend muss durch eine Toleranzforderung, sofern sie überzeugen soll, eine geeignete Grundlage für die geforderte tolerante Duldung etabliert werden. Auf unseren konkreten Zusammenhang angewandt bedeutet das: Die Vertreterin einer gesellschaftlichen und wissenschaftlichen Konsensen widersprechenden Minderheitenposition muss,

D. Balg, *Toleranz – was müssen wir aushalten?*, #philosophieorientiert, https://doi.org/10.1007/978-3-662-63423-3_3

um eine überzeugende Forderung nach gesellschaftlicher Toleranz gegenüber ihrer Position zu formulieren, plausibel machen, dass eine spezifische normative Bewertung ihrer Position angemessen ist, die die adäquate Grundlage einer toleranten Duldung bildet. Vor dem Hintergrund der Ergebnisse des letzten Kapitels lässt sich diese Überlegung weiter spezifizieren. Die Vertreterïn einer solchen Minderheitenposition muss, um erfolgreich Toleranz einfordern zu können, zeigen, dass es

1. trotz der gesellschaftlichen Ablehnung auch **Grund zur Befürwortung** ihrer Position gibt, wobei
2. mit Befürwortung nicht lediglich ein diffuses Wohlwollen, sondern ein spezifisches **normatives Urteil** gemeint ist, das sich
3. auf einen von der gesellschaftlichen Ablehnung unberührten **Wert** bezieht, somit unabhängig von dieser Bestand hat und darüber hinaus in einem spezifischen Verhältnis zu ihr steht, so dass
4. eine **tolerante Duldung** die vor dem Hintergrund dieses Nebeneinanders von Ablehnung und Befürwortung vernünftige Haltung darstellt.

Die soeben formulierten Bedingungen ermöglichen uns eine direkte Bewertung konkreter Toleranzforderungen und können gewissermaßen als Checkliste zur Überprüfung von entsprechenden Forderungen herangezogen werden. Sie zu erfüllen stellt die zentrale Herausforderung für Vertreterïnnen von Minderheitenpositionen dar, die Toleranz gegenüber ihren Ansichten reklamieren möchten. Im Folgenden werde ich verschiedene Strategien zur Bewältigung dieser Herausforderung diskutieren. Die Diskussion soll dabei nicht abstrakt, sondern vor dem Hintergrund konkreter Positionen geführt werden – insgesamt habe ich mich in diesem Zusammenhang für vier verschiedene Positionen entschieden: Kreationismus, Rassismus, Impfskepsis und Leugnung des Klimawandels. All diesen Positionen gemein ist, dass sie sowohl der gesellschaftlichen Mehrheitsmeinung als auch einem klaren wissenschaftlichen Konsens eindeutig widersprechen.

Mit meiner konkreten Orientierung an diesen Positionen soll mithin ausdrücklich nicht behauptet sein, dass es sich bei den im Folgenden diskutierten Toleranzforderungen um *tatsächlich vertretene* Forderungen handeln muss. So besteht das zentrale Anliegen dieses Kapitels weniger in der Bewertung real existierender Toleranzforderungen als vielmehr in der Beantwortung der Frage, welche *Möglichkeiten* es vor dem Hintergrund eines philosophisch fundierten Toleranzverständnisses gibt, vielversprechende Strategien zur erfolgreichen Rechtfertigung von Toleranzforderungen zu entwickeln, die sich Vertreterïnnen entsprechender Minderheitenpositionen dann zunutze machen *könnten,* um gesellschaftliche Toleranz gegenüber ihren Positionen zu reklamieren. Das bedeutet jedoch wiederum nicht, dass die in diesem Zusammenhang getroffene Auswahl der konkreten Positionen willkürlich ist – tatsächlich stellen die folgenden Überlegungen den Versuch dar, spezifische Argumentationsmuster zu systematisieren, die einem im Kontext der hier konkret diskutierten Positionen de facto regelmäßig begegnen, um diese Muster so einer klaren Bewertung hinsichtlich ihrer Eignung als Grundlage für mögliche Toleranzforderungen zugänglich zu machen. Dementsprechend wurden die im Folgenden diskutierten Positionen auch explizit nicht ausgewählt, weil sie im Vergleich zu anderen Minderheitenpositionen zunächst besonders tolerabel erscheinen, sondern lediglich, weil sie sich gut zur Veranschaulichung und Explikation spezifischer Argumentationsstrategien eignen, die für unseren vorliegenden Zusammenhang von besonderem Interesse sind.

3.1   Kreationismus

Kreationist*innen glauben, dass das Universum und das Leben auf der Erde exakt so entstanden sind, wie es in den Heiligen Schriften der abrahamitischen Religionen beschrieben wird. Das bedeutet, dass Kreationist*innen insbesondere naturwissenschaftliche Evolutionstheorien ablehnen, denen zufolge sämtliches Leben auf der Erde das Produkt eines natürlichen Entwicklungsprozesses und nicht Ergebnis eines göttlichen Schöpfungsaktes ist. Vor diesem Hintergrund üben viele Kreationist*innen scharfe Kritik am gegenwärtigen Bildungssystem und fordern, kreationistische Theorien über die Entstehung des Lebens neben naturwissenschaftlichen Ansätzen zum gleichberechtigten Gegenstand des Biologieunterrichts zu machen. All diese Ansichten wirken auf den ersten Blick einigermaßen kurios, sodass man meinen könnte, es handele sich beim Kreationismus lediglich um einen bizarren Auswuchs dogmatischer Religiosität, der außerhalb einiger ultrakonservativer Gebiete in Nordamerika nicht weiter von Bedeutung ist.

Doch dieser Eindruck täuscht: So ergab etwa eine im Jahr 2005 von der Forschungsgruppe *Weltanschauungen in Deutschland* in Auftrag gegebene Studie des forsa-Instituts, dass rund 13 % der Befragten eine wortwörtliche Auslegung der christlichen Schöpfungslehre vertreten (forsa 2007) – berücksichtigt man neben dem Kreationismus im engeren Sinne auch noch andere Formen der Evolutionsskepsis, die nicht unbedingt auf einer wortwörtlichen Auslegung religiöser Schriften beruhen, ergibt sich sogar ein noch deutlicheres Bild: So gingen in der soeben genannten Studie weitere 25 % der Befragten davon aus, dass das Leben auf der Erde von Gott erschaffen wurde und der Verlauf der Evolution direkt von Gott gesteuert wird (forsa 2007). Lediglich 61 %, also weniger als zwei Drittel, stimmten mit der naturwissenschaftlichen Erklärung der Evolution überein – fokussiert man auf die Gruppe der über 60-Jährigen oder die der Personen, die jede Woche in die Kirche gehen, sinkt dieser Wert auf unter 50 % (forsa 2007). Weitere Studien bestätigen dieses Bild, so kam etwa eine im Jahr 2009 durchgeführte Studie des Instituts für Demoskopie Allensbach zu dem Ergebnis, dass etwa 39 % der Befragten davon ausgehen, dass der Mensch von Gott erschaffen worden ist und sich nicht aus anderen Lebensformen heraus entwickelt hat (Institut für Demoskopie Allensbach 2009). Darüber hinaus scheint es sich bei der in diesen Studien ermittelten Skepsis gegenüber naturwissenschaftlichen Evolutionstheorien nicht um ein Relikt aus früheren Zeiten, sondern vielmehr um ein relativ neues Phänomen zu handeln: Der Anteil der Evolutionsskeptikerïnnen hat sich seit den 1970er Jahren beinahe verdoppelt und steigt weiterhin kontinuierlich an (Nationale Akademie der Wissenschaften Leopoldina 2017, S. 25).

Kreationistische und evolutionsskeptische Überzeugungen sind also auch in Deutschland alles andere als ein vernachlässigbares Randphänomen. Angesichts dessen stellt sich die Frage, wie sich die von der evolutionsbiologischen Forschung gestützte gesellschaftliche Mehrheit zu diesem Phänomen verhalten sollte. Können Kreationistïnnen berechtigterweise Toleranz gegenüber ihrer Position einfordern? Um diese Frage zu beantworten, muss zunächst geklärt werden, welche konkrete Form von Toleranz hier überhaupt plausiblerweise gefordert werden sollte. Hilfreiche Hinweise liefert in diesem Zusammenhang eine vergleichbare Konstellation, die in den 1990er Jahren für einige mediale Aufmerksamkeit gesorgt hat: Am 22. Oktober 1996 titelte die *New York Times:* „Indian Tribes' Creationists Thwart Archeologists". In dem dazugehörigen

Artikel ging es um eine Meinungsverschiedenheit bezüglich der Herkunft indigener Völker in Nordamerika – während Archäologïnnen zu dieser Zeit davon ausgingen, dass vor etwa 10.000 Jahren die ersten Menschen von Asien über die Beringstraße nach Nordamerika gelangten, vertraten indigene Bevölkerungsgruppen wie etwa die Cheyenne River Sioux die Auffassung, dass ihre Vorfahrïnnen aus dem Inneren der Erde gestiegen sind. Vor dem Hintergrund dieser Auffassung forderten sie nun den sofortigen Abbruch archäologischer Forschungsarbeiten auf ihrem ehemaligen Stammesgebiet – mit Erfolg: Die Archäologïnnen mussten ihre Forschung einstellen und die ausgegrabenen Funde wieder freigeben.

Bemerkenswert ist nun die Art und Weise, wie die Vertreterïnnen der archäologischen Forschung auf diesen Vorfall reagierten. So äußerte sich etwa Roger Anyon, ein britischer Archäologe (Johnson 1996): „Die Wissenschaft ist nur eine von vielen Weisen, die Welt zu verstehen. [Das indigene Weltbild] hat den gleichen Wert wie die archäologische Sichtweise der Prähistorie." Ganz ähnlich kommentierte Larry Zimmerman, ein Anthropologe an der University of Iowa (Johnson 1996): „Ich persönlich lehne es ab, die Wissenschaft als ein privilegiertes Weltverständnis zu betrachten." Die durch diese Statements ausgedrückte Einstellung hat eindeutig große Ähnlichkeit mit einer toleranten Haltung. Anstatt gegen die Forderungen der indigenen Bevölkerungsgruppen vorzugehen, nahmen die oben zitierten Wissenschaftler eine duldsame Haltung ein, während sie gleichzeitig an ihrem eigenen, wissenschaftlich geprägten Standpunkt festhielten. Begründet wurde diese Haltung durch eine postulierte Gleichwertigkeit der konfligierenden Standpunkte als zwar verschiedene, aber ebenbürtige Möglichkeiten des Weltverständnisses und dementsprechend durch rein epistemische Überlegungen.

Inwiefern könnten gegenwärtige Kreationist·innen ähnliche Überlegungen ins Feld führen, um epistemische Toleranz gegenüber ihren Überzeugungen einzufordern? Tatsächlich deuten die obigen Äußerungen der befragten Archäologen ein Bild von Wissenschaft an, das auch für die Erklärung aktueller evolutionsskeptischer Überzeugungen in Deutschland eine große Rolle spielt. So ergab eine im Jahr 2011 durchgeführte Studie, in der ein länderübergreifender Vergleich zur Akzeptanz der Evolutionstheorie unter angehenden Lehrer·innen vorgenommen wurde, dass in Deutschland rund 16 % der angehenden Lehrer·innen und rund 7 % der angehenden Biologielehrer·innen evolutionsskeptische Überzeugungen haben (Graf und Soran 2011, S. 150). Entscheidend ist nun, dass diese Überzeugungen weniger auf eine radikale Religiosität, als vielmehr auf ein spezifisches Verständnis von Wissenschaft zurückzuführen sind: Während nur wenige der Befragten aus Deutschland Aussagen wie „Es gibt einen Gott, der sich in Jesus Christus/Mohamed zu erkennen gegeben hat" zustimmen, erfreuen sich Statements wie „In der Wissenschaft gibt es keinen Fortschritt, sondern nur permanentes Abschreiben" oder „Wissenschaftler, die an die Evolution glauben, tun dies, weil sie es wollen, nicht aufgrund von Beweisen" überdurchschnittlich hoher Zustimmung (Graf und Soran 2011, S. 150).

Die Autoren der Studie kamen angesichts dieser Ergebnisse zu dem Schluss, dass der überraschend hohe Anteil an evolutionskritischen Ansichten im direkten Zusammenhang mit einem bestimmten Verständnis von Wissenschaft zu sehen ist. Wie genau lässt sich dieses Verständnis am besten charakterisieren? Vor dem Hintergrund der obigen Aussagen drängt sich in etwa folgendes Bild auf: Die Wissenschaft ist zwar durchaus in der Lage, Erkenntnisse zu generieren – bei diesen Erkenntnissen handelt es sich jedoch nicht um objektiv verbindliche Einsichten, die auf

allgemeingültigen Überlegungen beruhen, sondern vielmehr um Ansichten, die sich aus einer spezifischen Art,
die Welt zu verstehen, ergeben. Da es neben der Wissenschaft noch ganz andere Arten gibt, die Welt zu verstehen,
kommt wissenschaftlichen Überzeugungen eine gewisse
Beliebigkeit zu: Während wissenschaftliche Erkenntnisse
für diejenigen, die sich für ein wissenschaftliches Weltbild
entscheiden, durchaus ihre Geltung besitzen, müssen sie
für diejenigen, die sich einem anderen Weltbild verpflichtet
fühlen, überhaupt keine Geltung besitzen. Mit welchem
Weltbild man sich nun identifiziert, ist ein Stück weit eine
Frage des Geschmacks. Zwar mögen Faktoren wie Geburts-
ort und kulturelle Prägung einen entscheidenden Einfluss
darauf haben, welches Weltbild für jemanden das jeweils
maßgebliche ist – es gibt jedoch keine unabhängigen Tatsachen, aufgrund derer ein einzelnes Weltbild besser oder
leistungsstärker als andere wäre.

Ein solches Wissenschaftsverständnis steht in unmittel-
barer Nähe zu einer vieldiskutierten Theorie, die in der
philosophischen Forschung als *Wahrheitsrelativismus*
bezeichnet wird. Gemäß dieser Theorie gibt es keine allgemeingültigen, für alle verbindlichen Wahrheiten,
sondern lediglich relative Wahrheiten. Was wahr oder
falsch ist, hängt dabei von persönlichen oder kulturspezi-
fischen Faktoren ab und variiert dementsprechend von
Personengruppe zu Personengruppe (für einen Überblick
siehe etwa Kölbel 2004). Können sich Kreationist̄innen
den Wahrheitsrelativismus bzw. ein durch ihn inspiriertes
Wissenschaftsverständnis nun mit Blick auf Forderungen
nach Toleranz gegenüber ihren Ansichten zunutze
machen? Auf den ersten Blick, ja: Vor dem Hintergrund
des Wahrheitsrelativismus lässt sich unmittelbar dafür
argumentieren, dass Vertreter̄innen der naturwissenschaftlich orientierten Mehrheitsmeinung nicht nur
Grund zur Ablehnung, sondern auch zur Befürwortung

kreationistischer Überzeugungen haben. So sollten sie diese Überzeugungen zwar einerseits ablehnen, weil sie relativ zu der für sie maßgeblichen naturwissenschaftlichen Weltsicht falsch sind. Andererseits sollten sie diese aber auch befürworten, weil sie relativ zu der für Kreationistïnnen maßgeblichen religiösen Weltsicht wahr sind. Darüber hinaus scheint auch das für eine tolerante Haltung charakteristische *Verhältnis* von Ablehnung und Befürwortung vorzuliegen, da vor dem Hintergrund des Wahrheitsrelativismus der naturwissenschaftlichen Weltsicht keine größere oder geringere Plausibilität oder Geltung zukommt als der religiösen Weltsicht. Kreationistïnnen könnten also vor dem Hintergrund des Wahrheitsrelativismus tatsächlich fordern, dass die naturwissenschaftlich orientierte Mehrheit der Gesellschaft kreationistische Minderheitenmeinungen tolerieren sollte, obwohl der Kreationismus relativ zum naturwissenschaftlichen Weltbild falsch ist, weil er relativ zu entsprechenden religiösen Weltbildern wahr ist.

Wie überzeugend diese Forderung ist, hängt nun klarerweise davon ab, als wie plausibel der Wahrheitsrelativismus und das durch ihn inspirierte Wissenschaftsverständnis zu bewerten sind. Und hier scheinen wir tatsächlich an eine entscheidende Schwachstelle der bisherigen Argumentation zu gelangen, denn während mehr oder weniger explizit wahrheitsrelativistische Ansichten in der Gesellschaft durchaus verbreitet sein mögen, sind sie unter Philosophïnnen erstaunlich unbeliebt (Bourget und Chalmers 2014). Die verschiedenen Gründe hierfür im Detail zu erörtern, ist im vorliegenden Rahmen nicht möglich – im Folgenden möchte ich jedoch auf zwei drohende Probleme im Zusammenhang mit dem Wahrheitsrelativismus hinweisen. Ein erstes Problem besteht darin, dass sich der Wahrheitsrelativismus leicht als selbstwidersprüchlich herausstellen könnte. Wie genau diese

Sorge am besten ausformuliert werden kann, ist Gegenstand einer kontroversen Debatte (siehe etwa Boghossian 2013, S. 58 f.) – der Grundgedanke ist jedoch vergleichsweise einfach: Die zentrale Idee des Wahrheitsrelativismus ist, dass es keine absoluten Wahrheiten gibt. Angesichts dieser Idee drängt sich allerdings unmittelbar die Frage auf, ob es eine absolute Wahrheit ist, dass es keine absoluten Wahrheiten gibt. Beantwortet man diese Frage mit „Ja", verfängt man sich in einem Widerspruch – denn wenn es absolut wahr ist, dass es keine absoluten Wahrheiten gibt, dann scheint es ja sehr wohl zumindest eine absolute Wahrheit zu geben und die Grundidee des Wahrheitsrelativismus wäre somit falsch. Beantwortet man die Frage mit „Nein", entkommt man zwar dem Vorwurf der Selbstwidersprüchlichkeit, manövriert sich jedoch direkt in ein anderes Problem hinein. Denn wenn es überhaupt nicht absolut wahr ist, dass es keine absoluten Wahrheiten gibt, dann scheint die Idee des Wahrheitsrelativismus auf einen Schlag jeglichen Anspruch auf Verbindlichkeit zu verlieren (Nagel 1999, S. 25).

Doch selbst wenn sich der Verdacht der Selbstwidersprüchlichkeit erfolgreich ausräumen lässt, ergibt sich für unseren konkreten Zusammenhang noch ein weiteres Problem. Wie wir gesehen haben, bietet der Wahrheitsrelativismus direkt eine geeignete Grundlage für Forderungen nach Toleranz. Sollte der Wahrheitsrelativismus uneingeschränkt gelten, ergäbe sich hieraus dementsprechend auch eine uneingeschränkte Forderung nach Toleranz: Wann immer wir mit einer Überzeugung konfrontiert werden, die wir für falsch halten, könnte man berechtigterweise darauf hinweisen, dass diese Überzeugung lediglich relativ zu unserer Perspektive falsch ist, während sie relativ zu der Perspektive der Gegenseite durchaus wahr sein kann, und dass dementsprechend eine tolerante Haltung gefordert ist. Zwar könnte es hier immer noch Fälle geben, in denen sich eine Person darüber irrt, was relativ zu der für sie maßgeblichen Perspektive wahr ist – etwa wenn eine jüdische Person Toleranz gegenüber ihrer Überzeugung fordert, dass Jesus der Sohn Gottes ist, weil sie fälschlicherweise davon ausgeht, dass diese Überzeugung relativ zu der für sie maßgeblichen jüdischen Lehre wahr ist. Abgesehen von dieser Möglichkeit wird es angesichts der Vielzahl unterschiedlicher und teilweise extremer religiös, kulturell oder politisch gefärbter Weltbilder, denen sich einzelne Personengruppen verpflichtet fühlen, jedoch tatsächlich eine ganze Reihe radikaler Ansichten geben, gegenüber denen vor dem Hintergrund des Wahrheitsrelativismus erfolgreich eine tolerante Haltung eingefordert werden kann. Der Wahrheitsrelativismus bietet in seiner Allgemeinheit somit keine Grundlage, um zwischen Ansichten, die uns tolerabel erscheinen mögen, und Ansichten, die wir in jedem Fall aus dem Bereich berechtigter Toleranzforderungen ausschließen möchten, zu unterscheiden – eine Konsequenz, die eindeutig inakzeptabel ist.

Was Kreationist*innen, sofern sie erfolgreiche Toleranzforderungen formulieren möchten, also bräuchten, wäre ein spezifischeres Argument, das es ihnen ermöglicht, Toleranzforderungen mit Hinblick auf kreationistische Überzeugungen zu rechtfertigen, ohne dabei gleichzeitig auch alle möglichen anderen Toleranzforderungen zu rechtfertigen. Denn was Kreationist*innen plausiblerweise behaupten sollten, ist, dass kreationistische Ansichten aufgrund spezifischer Eigenschaften und Besonderheiten toleriert werden sollten – und nicht, dass kreationistische Ansichten toleriert werden sollten, weil einfach *alle* Ansichten gleichermaßen toleriert werden sollten, die relativ zu der von der jeweiligen Person akzeptierten Weltsicht korrekt sind. Dies wird unter anderem deutlich, wenn man sich vergegenwärtigt, dass Kreationist:innen eine ganze Reihe spezifischer Rechte für sich reklamieren möchten. So würden vermutlich die meisten Kreationist:innen die alleinige Berücksichtigung evolutionsbiologischer Erklärungen der Entstehung menschlichen Lebens in schulischen Lehrplänen als illegitime Missachtung kreationistischer Erklärungen ansehen – gleichzeitig würden sie jedoch nicht fordern, einfach *alle möglichen weiteren Ansichten über alle möglichen Themen* ebenfalls zu gleichberechtigten Unterrichtsgegenständen zu erklären.

Welche Möglichkeiten gibt es, eine solche fokussierte Toleranzforderung zu etablieren, dergemäß kreationistische Ansichten *aufgrund spezifischer Eigenschaften* toleriert werden sollten? Dass zumindest einige Menschen gerade bei kreationistischen Überzeugungen das Gefühl haben, dass Toleranzforderungen eine gewisse Berechtigung haben, könnte etwas damit zu tun haben, dass es sich hierbei um religiöse bzw. religiös motivierte Überzeugungen handelt. Schließlich genießen in Deutschland religiöse Überzeugungen einen besonderen Schutz durch das Grundgesetz, und auch unabhängig von dieser juristischen Grundlage würden vermutlich viele Menschen akzeptieren, dass es sich bei religiösen Überzeugungen insofern um besonders schützenswerte Überzeugungen handelt, als dass sie eine spezifisch identitätsstiftende Bedeutung haben. Lässt sich ausgehend von dieser Überlegung vielleicht eine spezifischere Forderung für Toleranz gegenüber kreationistischen Ansichten begründen? An dieser Stelle ist zunächst darauf hinzuweisen, dass wir es in jedem Fall mit einer Forderung nach einer anderen Art von Toleranz zu tun hätten: Während die obige Forderung mit ihrer Berufung auf den Wahrheitsrelativismus mit rein epistemischen Überlegungen zu Wahrheit und Falschheit ausgekommen ist und somit klarerweise eine Forderung nach epistemischer Toleranz war, spielen nun auf einmal auch moralische Überlegungen eine Rolle. Somit haben wir es mit einer Forderung nach hybrider Toleranz zu tun, für deren Begründung sowohl epistemische als auch moralische Überlegungen einschlägig sind. Genauer scheint die Idee in etwa folgende zu sein: Zwar mag es sein, dass die gesellschaftliche Mehrheit kreationistische Überzeugungen für falsch hält und dementsprechend ablehnt – gleichzeitig darf aber nicht vergessen werden, dass diese Überzeugungen einen großen moralischen Wert für ihre Vertreterïnnen haben. So ist es für Kreationistïnnen eben deshalb so wichtig, dass die Existenz der Erde und des Menschen das Ergebnis eines göttlich gesteuerten Prozesses sind, weil es sie zutiefst verunsichern und in ihrem Selbstbild erschüttern würde, wenn ihre Existenz lediglich das zufällige Produkt eines blinden Naturprozesses wäre. Und aus diesem Grund sollten kreationistische Ansichten toleriert werden: Die gesellschaftliche Mehrheit sollte kreationistische Ansichten dulden, obwohl sie diese für falsch hält, weil sie eine zentrale Bedeutung für das Selbstbild ihrer Vertreterïnnen haben.

So weit das neue Argument für eine tolerante Haltung gegenüber kreationistischen Überzeugungen. Wie überzeugend ist dieses Argument? Richtig ist, dass der Einbezug ethischer Überlegungen auch unabhängig vom Wahrheitsrelativismus eine Befürwortung kreationistischer Überzeugungen ermöglicht. Angesichts der Vehemenz, mit der viele Kreationistïnnen ihren Standpunkt vertreten und öffentlich verteidigen, ist davon auszugehen, dass er für sie von besonderer Bedeutung ist. Dieser Umstand ist für sich genommen ein Grund dafür, ihnen ihre Überzeugung zu lassen. Dementsprechend gelingt es auch dem zweiten Argument, das für eine tolerante Haltung charakteristische Nebeneinander von Ablehnung und

Befürwortung zu etablieren. Fraglich ist jedoch, ob es auch das für eine tolerante Haltung charakteristische *Verhältnis* von Ablehnung und Befürwortung zu etablieren vermag. Tatsächlich reicht an dieser Stelle ein vager Verweis auf die identitätsstiftende Bedeutung religiöser Überzeugungen nicht aus – was vielmehr gezeigt werden müsste, ist, dass diese Bedeutung auch hinreichend groß ist, um eine tolerante Duldung zu rechtfertigen. Hierbei dürfte es sich jedoch um ein einigermaßen schwieriges Unterfangen handeln: Während für einige Kreationistïnnen ihre kreationistischen Überzeugungen von größter Bedeutung sein dürften, gilt dies sicherlich nicht für alle.

Viel entscheidender ist aber, dass es auch aus einer moralischen Perspektive gewichtige Gründe *für* die Ablehnung kreationistischer Überzeugungen gibt. Die bisherige Überlegung war ja, dass kreationistische Überzeugungen deshalb toleriert werden sollten, weil sie aus epistemischer Sicht zwar abzulehnen, aufgrund ihrer identitätsstiftenden Bedeutung aber aus moralischer Sicht zu befürworten sind. Tatsächlich scheinen kreationistische Überzeugungen aber auch aus rein moralischer Sicht durchaus problematisch zu sein: So stehen sie erstens oft in einem direkten Zusammenhang mit einer wissenschaftsskeptischen Haltung, die – wie wir bei der Diskussion impf- und klimaskeptischer Überzeugungen noch sehen werden – katastrophale Auswirkungen haben kann. Darüber hinaus ist auch der mit kreationistischen Überzeugungen meist einhergehende Anthropozentrismus, demgemäß dem Menschen eine uneingeschränkte Sonderstellung unter den Lebewesen zukommt, angesichts gegenwärtiger Auswüchse wie Massentierhaltung und Umweltzerstörung offensichtlich problematisch. Vor dem Hintergrund solcher Überlegungen sollte die naturwissenschaftlich orientierte Mehrheit kreationistischen Überzeugungen wohl selbst aus einer rein moralischen

Perspektive äußerst kritisch gegenüberstehen. Da sie diese Überzeugungen zusätzlich für falsch hält und somit auch aus einer epistemischen Perspektive eindeutig ablehnt, hat sie keine guten Gründe, kreationistische Überzeugungen zu tolerieren.

3.2 Rassismus

Das Bundesministerium des Innern, für Bau und Heimat definiert rassistische Ansichten als „Auffassungen, die von dem Bestehen nicht oder kaum veränderbarer ‚Rassen' ausgehen, daraus naturbedingte Besonderheiten und Verhaltensweisen von Menschen ableiten und hierbei eine Einschätzung im Sinne von ‚höherwertig' oder ‚minderwertig' vornehmen" (BMI 2020). Forderungen nach Toleranz gegenüber solchen Ansichten zum Gegenstand einer ernsthaften philosophischen Diskussion zu machen, mag vor dem Hintergrund aktueller gesellschaftlicher Entwicklungen geradezu zynisch wirken. Allein im Jahr 2020 wurden durch die Tötung von George Floyd weltweite und bis heute anhaltende Proteste gegen rassistisch motivierte Polizeigewalt und strukturellen Rassismus ausgelöst, während der zu dieser Zeit noch amtierende US-Präsident Donald Trump vor laufenden Kameras eine pauschale Verurteilung von White Supremacists ablehnte und der mittlerweile entlassene Pressesprecher der AfD Christian Lüth davon fantasierte, Migrant*innen erschießen und vergasen zu lassen (Smith et al. 2020; Fuchs 2020). In diesem aufgeheizten politischen Klima droht ein gesellschaftlicher Grundkonsens zu erodieren, der über Jahrzehnte hinweg als unanfechtbar galt – nämlich der, dass es in freiheitlich-demokratischen Gesellschaften keinen Raum für rassistische, menschenverachtende und offen diskriminierende Ansichten geben darf. Angesichts dieser bedrohlichen Entwicklung könnte man denken, dass die Frage nach der Plausibilität rassistischer Toleranzforderungen nicht einer subtilen philosophischen Analyse unterzogen, sondern vielmehr als indiskutables Scheinproblem klar zurückgewiesen werden sollte. Rassistische Überzeugungen sind falsch, ungerechtfertigt und in hohem Maße unmoralisch, viele Menschen würden sie sogar als ekelhaft oder widerwärtig bezeichnen. Es gibt nichts, was an rassistischen Überzeugungen zu befürworten wäre – und dementsprechend fehlt auch jegliche Grundlage für eine tolerante Haltung gegenüber diesen Überzeugungen.

Trotzdem habe ich mich dazu entschieden, Forderungen nach Toleranz gegenüber rassistischen Ansichten einen eigenen Abschnitt zu widmen. Der Grund dafür ist, dass viele Menschen implizit oder explizit ein spezifisches Verständnis von Moral vertreten, vor dessen Hintergrund Toleranz gegenüber rassistischen Ansichten problemlos gefordert werden kann. Wie lässt sich dieses Moralverständnis am besten beschreiben? Wie wir im vorangegangenen Abschnitt gesehen haben, bieten relativistische Annahmen eine geeignete Grundlage für Toleranzforderungen – wenn Ansichten, die wir für falsch halten, nur *relativ zu unserer eigenen Perspektive* falsch sind, dann können sie relativ zu einer anderen Perspektive durchaus wahr und somit auch zu tolerieren sein. Gleichzeitig haben wir aber gesehen, dass relativistische Annahmen insofern keine erfolgreiche Argumentation hinter Toleranzforderungen stützen können, als dass sie zu unspezifisch sind: Wenn man den Wahrheitsrelativismus in seiner radikalen Allgemeinheit akzeptiert, sind viele Überzeugungen prinzipiell tolerabel, die wir in jedem Fall aus dem Bereich berechtigter Toleranzforderungen ausschließen möchten. Diese Konsequenz scheint eindeutig inakzeptabel.

Entscheidend für den vorliegenden Zusammenhang ist nun, dass es neben dem universellen Wahrheitsrelativismus noch eine weitere Form des Relativismus
gibt, die von Vornherein nur für eine ganz spezifische
Art von Überzeugungen gelten soll. Hierbei handelt es
sich um den sogenannten *moralischen Relativismus:* Der
moralische Relativismus besagt, dass moralische Überzeugungen nicht absolut, sondern immer nur relativ zu
persönlichen oder kulturellen Standards wahr oder falsch
sind. Während dieses relativistische Bild von Moral unter
professionellen Philosoph*innen eher unbeliebt ist, erfreut
es sich unter philosophischen Laï*innen einer breiten
Zustimmung. Diese Zustimmung ist tatsächlich so groß,
dass sich etwa in der Philosophiedidaktik bereits eine
eigene Forschungsdebatte zu der Frage entwickelt hat, wie
Philosophielehrer*innen Schüler*innen und Student*innen
effektiv zu einer kritischen Reflexion ihres relativistisch
geprägten Moralverständnisses anregen können (für einen
Überblick siehe etwa Pfister 2019). In dieser Debatte wird
nun häufig auf einen engen psychologischen Zusammenhang zwischen einem mehr oder weniger explizit aus-
geprägten moralischen Relativismus und dem Wunsch
nach Toleranz hingewiesen – relativistische Moralvorstellungen scheinen gerade deshalb so weit verbreitet zu sein, weil viele Menschen gerne tolerant sein
möchten. Wer etwa tolerant gegenüber den Ansichten
und Praktiken anderer Kulturen sein will, so scheinbar
die implizite Überlegung, der muss zunächst akzeptieren,
dass diese Ansichten und Praktiken Ausdruck spezifischer,
gesellschaftlich geprägter Wertvorstellungen sind, denen in
ihrer kulturellen Bedingtheit keine größere oder geringe
Gültigkeit als den eigenen Wertvorstellungen zukommt.

Während der so ausgedrückte Zusammenhang zwischen
Toleranz und Relativismus aus einer streng philosophischen Perspektive vermutlich einiger Korrektur

und Ergänzung bedarf, ist – wie wir gesehen haben – der grundlegende Gedanke, dass relativistische Annahmen eine geeignete Basis für Toleranzforderungen darstellen, durchaus plausibel. An dieser Stelle tritt jedoch dasselbe Problem auf, das uns auch schon bei der Diskussion des Wahrheitsrelativismus begegnet ist: Wenn sich relativistische Annahmen als Grundlage für Toleranzforderungen eignen, dann lassen sich prinzipiell auch Toleranzforderungen hinsichtlich *aller* Überzeugungen legitimieren, für die diese Annahmen gelten – vorausgesetzt, es findet sich ein Standard, relativ zu dem diese Überzeugungen als wahr zu bewerten sind. Da der moralische Relativismus explizit nur für moralische Überzeugungen gelten soll, legitimiert er zwar nicht alle *möglichen* Toleranzforderungen – so können wir etwa problemlos moralische Relativisten sein, ohne deswegen irgendwelche kruden Ansichten über die Entstehung des Planeten oder den Aufbau des Sonnensystems tolerieren zu müssen. Das Problem ist jedoch, dass es auch in der klar eingrenzbaren Kategorie der Moral viele Überzeugungen gibt, die klarerweise nicht tolerabel sind, wie etwa rassistische, sexistische oder homophobe Überzeugungen. Bei all diesen Überzeugungen handelt es sich um moralische Überzeugungen, da sie mit einem eindeutigen Urteil darüber einhergehen, welcher Personengruppe welches Maß an moralischem Wert beigemessen werden soll. Vor dem Hintergrund des moralischen Relativismus können wir viele dieser Urteile nun nicht als absolut falsch, sondern nur als relativ zu den von uns akzeptierten Standards falsch bewerten, während wir gleichzeitig akzeptieren müssen, dass es andere, gleichwertige Standards gibt, relativ zu denen die fraglichen Urteile korrekt sind – als Beispiel mag hier etwa die Befürwortung weiblicher Genitalverstümmelung dienen, die vor dem Hintergrund spezifischer kultureller Traditionen als völlig unproblematisch zu bewerten wäre.

Das Gefährliche an dieser Konstellation ist nun, dass viele Vertreterïnnen entsprechend problematischer Ansichten das legitimatorische Potenzial relativistischer Moralvorstellungen in jüngerer Zeit zunehmend für sich entdecken und gezielt nutzen. Während relativistische Moralvorstellungen und mit ihnen verbundene Toleranzforderungen lange Zeit eher als typisches Merkmal linksliberaler Diskurse galten, finden sie sich neuerdings auch vermehrt in den Reihen der politischen Gegenseite. Als erster Hinweis auf diese Dynamik mag die in der Einleitung beschriebene Situation aus dem deutschen Bundestag gelten, in der Anja Karliczek in relativistisch anmutendem Duktus darauf hinwies, dass es sich bei ihrer von Kritikerïnnen als homophob bewerteten Position lediglich um eine persönliche Meinung handele, um auf dieser Basis dann eine Toleranzforderung in den Raum zu stellen. Eindeutigere Beispiele finden sich etwa in der aktuellen Debatte um den richtigen Umgang mit historischen Personen und Ereignissen, die aus heutiger Perspektive als rassistisch zu bewerten sind. So wird die in den USA derzeit kontrovers diskutierte Forderung, Statuen und Denkmäler von Südstaaten-Generälen wie Robert E. Lee oder Thomas J. Jackson zu entfernen, vornehmlich von Seiten konservativer und rechtsgerichteter Kräfte als *anachronistischer Fehlschluss* zurückgewiesen – ein Begriff, der auch in anderen gesellschaftlichen Debatten gerne bemüht wird. Der grundlegende Gedanke hinter diesem Begriff ist, dass historische Personen und Ereignisse nicht vor dem Hintergrund gegenwärtiger Moralvorstellungen, sondern stattdessen nur vor dem Hintergrund der zu der jeweiligen Zeit gültigen Moralvorstellungen bewertet werden sollten.

Die diesem Gedanken zugrundeliegende Auffassung, dass moralische Werte und Normen nicht absolut, sondern immer nur relativ zu bestimmten Epochen und historischen Kontexten gültig sind, trägt eindeutig relativistische Züge. Dass sich ein solches relativistisches Moralverständnis und das darauf fußende Argumentationsmuster nicht nur auf moralische Konflikte zwischen verschiedenen Epochen, sondern auch auf moralische Konflikte zwischen verschiedenen politischen Lagern derselben Epoche anwenden lässt, liegt auf der Hand. Beispielhaft für eine solche Übertragung auf synchrone Meinungsverschiedenheiten steht etwa ein jüngst in der *Neuen Zürcher Zeitung* erschienener Beitrag von Alexander Grau, Kolumnist des konservativen Politmagazins *Cicero*. In seinem Beitrag entwickelt Grau den Begriff des *politischen Kitschs*, der gewissermaßen das gegenwartsbezogene Pendant zu dem oben erläuterten Begriff des anachronistischen Fehlschlusses darstellen soll. Grau (2020) schreibt:

> Politischer Kitsch hat Hochkonjunktur. Sentimentale Phrasen, penetrante Gefühligkeit und betroffenheitsschwangere Wortblasen bestimmen den öffentlichen Diskurs. Nahezu im Wochenrhythmus formieren sich die Engagierten und Empörten zu Solidaritätsbekundungen, Lichterketten oder Mahnwachen, orchestriert von einer seltsamen Gemengelage aus Moralismus und Aggressivität. [...] Einseitigkeit wird zur Tugend, Intoleranz zum Gebot der Stunde. Denn nichts verunsichert das kitschige Bewusstsein mehr als der Pluralismus der Weltsichten und moralischen Urteile.

Was für ein Moralverständnis hinter diesem Vorwurf der Intoleranz steht, wird nun vor dem Hintergrund eines Interviews deutlich, das Grau wenige Jahre zuvor dem

Deutschlandfunk gegeben hat. In diesem Interview sagt Grau (Main 2017):

> Menschengruppen prägen Moral aus. Es sind einfach Handlungsregeln, die Menschen entwickelt haben [...]. Moral gibt uns eine gewisse Freiheit, anders zu handeln. Tiere müssen so handeln – soweit wir wissen, zumindest ein Stück weit. Menschen können anders handeln und dafür brauchen sie Regeln. Dafür brauchen sie Regeln in ihrer Gemeinschaft, in einer sozialen Gruppe. Und das ist die Moral. [...] Ethik ist der Versuch, Moral rational zu begründen. [...] Der Hypermoralismus ist auch ein Produkt der Ethik. Er ist ein Produkt des Versuches, etwas, was sich letztlich gar nicht vernünftig begründen lässt, nämlich moralische Vorlieben, eben doch vernünftig zu begründen. Der Hypermoralismus ist der Versuch, den Eindruck zu erwecken, dass es nur die eine universale Moral gibt.

Irritierenderweise nennt Grau als Beispiel für seiner Meinung nach besonders spektakuläre Auswüchse moralischen Kitschs neben der *#MeToo-* und der *Fridays for Future*-Bewegung auch die *Black Lives Matter*-Proteste. Das bedeutet nicht, dass Graus Position per se als rassistisch zu bewerten ist – selbstverständlich muss es möglich sein, die *Black Lives Matter*-Proteste zu kritisieren, ohne dadurch automatisch als Rassistïn zu gelten. Andererseits ist jedoch auch ersichtlich, wie die in den obigen Zitaten angedeuteten Überlegungen direkt genutzt werden können, um Forderungen nach Toleranz gegenüber rassistischen Ansichten zu begründen: Wenn Moral nichts vernünftig Begründbares, sondern lediglich der Ausdruck willkürlicher Vorlieben ist, dann ist auch nicht klar, warum antirassistischen Vorlieben eine größere Geltung zukommen sollte als rassistischen Vorlieben. Sobald man ein solches Bild von Moral akzeptiert, sind Forderungen nach Toleranz gegenüber rassistischen, sexistischen und sonstigen diskriminierenden Überzeugungen Tür und Tor geöffnet. So könnten Rassist*innen etwa gesellschaftliche Toleranz gegenüber ihren Ansichten mit dem Hinweis einfordern, dass diese Ansichten zwar aus der Perspektive der gesellschaftlichen Mehrheit falsch, aus der Perspektive ihrer Vertreter*innen allerdings wahr seien. Da beide Perspektiven vor dem Hintergrund des moralischen Relativismus grundsätzlich gleichwertig sind, gäbe es dementsprechend gleichermaßen Anlass zur Ablehnung und Befürwortung rassistischer Ansichten und somit eine direkte Grundlage für eine tolerante Duldung.

Tatsächlich wird die Beobachtung, dass der moralische Relativismus moralisch skandalöse Positionen als gleichwertige Standpunkte legitimiert und somit die philosophische Grundlage für Forderungen nach Toleranz gegenüber diskriminierenden Überzeugungen liefert, in der philosophischen Forschung als ein Hauptproblem relativistischer Moralverständnisse angesehen und ist wohl letztendlich ein wichtiger Grund dafür, dass die Mehrheit der gegenwärtigen Philosoph*innen Abstand von einem solchen Verständnis genommen hat (zum Folgenden und für einen einführenden Überblick siehe etwa Westacott 2020). Manche moralische Relativist*innen haben angesichts dessen versucht zu zeigen, dass eine relativistische Legitimation moralisch skandalöser Toleranzforderungen nicht so problematisch ist, wie man auf den ersten Blick meinen könnte. So weisen sie etwa darauf hin, dass eine tolerante Haltung gegenüber moralisch skandalösen Positionen völlig vereinbar mit der Einnahme eines klaren moralischen Standpunktes ist, von dem aus weiterhin eindeutige moralische Urteile gefällt werden können – tatsächlich haben wir ja bereits gesehen, dass es gerade konstitutiv für eine tolerante Haltung ist, bei seiner eigenen Position zu bleiben und sich deutlich von dem

Tolerierten abzugrenzen. Ein anderer beschwichtigender Hinweis richtet sich auf die Konsequenzen, die eine relativistische Begründung von Toleranzforderungen für den Status dieser Forderungen hat. Denn tatsächlich haben auch Forderungen nach Toleranz, sofern es sich dabei um moralische Forderungen handelt, vor dem Hintergrund des moralischen Relativismus keine universale, sondern lediglich relative Gültigkeit. Das bedeutet, dass es vor dem Hintergrund des moralischen Relativismus auch keine allgemeingültige Verpflichtung geben kann, diskriminierende Überzeugungen zu tolerieren – die Idee ist vielmehr, dass lediglich die Personen, die das Toleranzideal für sich als maßgeblich akzeptieren, auch gegenüber Überzeugungen, die aus ihrer Perspektive skandalös sind, tolerant sein sollten.

Zu diskutieren, inwieweit diese einschränkenden Hinweise philosophisch zufriedenstellend sind, ist im Rahmen dieses Buches weder möglich noch nötig. An dieser Stelle sollten Sie als Leserïn vielmehr selbst entscheiden, welches Moralverständnis mit seinen Konsequenzen für die Plausibilität skandalöser Toleranzforderungen Ihren persönlichen Intuitionen am ehesten gerecht werden kann: Entweder Sie empfinden Forderungen nach Toleranz gegenüber rassistischen Positionen als dermaßen absurd, dass Sie eine relativistische Moralauffassung aufgrund ihres Potenzials ablehnen, solche Forderungen zu legitimieren. Oder Sie vertreten eine relativistische Moralauffassung und sind bereit, vor dem Hintergrund der erwähnten einschränkenden Bemerkungen Forderungen nach Toleranz gegenüber rassistischen Positionen zu akzeptieren. Zwei abschließende Bemerkungen sollen Ihnen bei dieser Entscheidung behilflich sein: Erstens ergibt sich aus der Einsicht, dass ein relativistisches Verständnis von Moral eine geeignete Grundlage für Toleranzforderungen darstellt, nicht, dass vor dem Hintergrund eines universalistischen

Moralverständnisses überhaupt keine moralischen Toleranzforderungen mehr verteidigt werden können. Tatsächlich haben wir im Laufe des Buches schon konkrete Beispiele für vielversprechende moralische Toleranzbegründungen kennengelernt, die klarerweise unabhängig vom moralischen Relativismus sind – denken wir etwa an die Überlegung, das Tragen von Kopftüchern aus Gründen der Religionsfreiheit zu tolerieren, obwohl es sich aus feministischer Sicht um eine problematische Praxis handeln könnte. Zweitens würde die Entscheidung für ein universalistisches Moralverständnis selbst dann, wenn es die Möglichkeit moralischer Toleranz stark einschränken würde, nicht zwangsläufig zu Intoleranz gegenüber den Wertvorstellungen anderer Kulturen führen. Nicht tolerant zu sein, ist nicht dasselbe wie intolerant zu sein. Mit dieser Unterscheidung und der Frage nach gehaltvollen Alternativen zu einer toleranten Haltung werden wir uns noch in Kap. 4 näher beschäftigen.

3.3   Impfskepsis

Dieses Buch ist mitten in einer globalen Pandemie entstanden. Die im Frühjahr 2020 ausgebrochene COVID-19-Pandemie hat das gesamte öffentliche Leben weltweit und über viele Monate hinweg nahezu vollständig zum Erliegen gebracht: Schulen und Geschäfte wurden geschlossen, Veranstaltungen wurden abgesagt, Reisebeschränkungen, Kontaktverbote und Sperrstunden wurden eingeführt. Innerhalb kurzer Zeit zeichnete sich ab, dass der andauernde gesellschaftliche Ausnahmezustand erst durch die erfolgreiche Entwicklung eines Impfstoffes beendet werden kann, an der zeitweise mehr als 200 internationale Forschungsprojekte beteiligt waren. Gleichzeitig gab es aber auch schon früh Zweifel daran, dass ein verfügbarer Impfstoff tatsächlich ein rasches Ende der Pandemie einläuten würde: So ergab etwa eine im Sommer 2020 durchgeführte Umfrage der Uni Heidelberg, dass lediglich 55 % der Befragten sich im Falle eines verfügbaren Corona-Impfstoffes impfen lassen würden (Kirsch et al. 2020).

Auch wenn diese Zahl für viele überraschend hoch sein mag, ist das zugrundeliegende Problem alles andere als neu: Auch unabhängig von der Corona-Pandemie sind Impfungen in der Gesellschaft umstritten, laut einer durch die Bundeszentrale für gesundheitliche Aufklärung in Auftrag gegebene Studie befürworten in Deutschland lediglich 58 % der Bevölkerung allgemeine Impfmaßnahmen, während 23 % der Bevölkerung eine unentschlossene oder ablehnende Haltung einnehmen (Horstkötter et al. 2019, S. 31). Zwar variieren die Einstellungen zu Impfmaßnahmen von Impfstoff zu Impfstoff – so erfreuen sich etwa Tetanusimpfungen weitaus größerer Beliebtheit als Impfungen gegen Hepatitis B –, und eine radikal ablehnende Haltung gegenüber allen Impfungen nehmen lediglich 3 bis 5 % der Bevölkerung ein (Meyer und Reiter 2004, S. 1185). Dennoch handelt es sich aufgrund der potenziell massiven Auswirkungen auf die Gesamtbevölkerung um ein relevantes Problem, weshalb etwa die Weltgesundheitsorganisation die bestehende Impfzurückhaltung im Jahr 2019 in ihre Liste der zehn größten Gesundheitsbedrohungen aufgenommen hat (World Health Organization 2019).

Die Frage nach dem angemessenen Umgang mit impfskeptischen Ansichten ist also von großer gesellschaftlicher Bedeutung. Um entscheiden zu können, ob Impfskeptiker*innen vernünftigerweise Toleranz gegenüber ihren Ansichten einfordern können, müssen wir jedoch zunächst mehr über diese Ansichten in Erfahrung bringen. Aus welchen Gründen entwickeln Menschen eine impfkritische Haltung? Psychologïnnen haben insgesamt fünf Hauptgründe für die bestehende Impfzurückhaltung identifiziert, die auch als *5 C* bezeichnet werden (Betsch et al. 2018): Erstens mangelndes Vertrauen in die Wirksamkeit von Impfungen *(confidence)*, zweitens eine Unterschätzung des Krankheitsrisikos *(complacency)*, drittens pragmatische Einschränkungen wie Stress oder Zeitnot *(constraints)*, viertens gescheiterte Versuche der Informationsbeschaffung, die zu Fehlinformation führen *(calculation)* und fünftens eine geringe Bereitschaft, sich zum Schutz Dritter impfen zu lassen *(collective responsibility)*. Angesichts dieser Gründe scheint auf den ersten Blick wenig für eine tolerante Haltung gegenüber den Ansichten von Impfgegnerïnnen zu sprechen. Denn wenn diese Ansichten lediglich Ausdruck von Ignoranz, Fehlinformation, Bequemlichkeit oder Rücksichtlosigkeit sind, dann gibt es auch keinerlei Grundlage für die Befürwortung dieser Ansichten.

Eine mögliche Grundlage für entsprechende Toleranzforderungen deutet sich jedoch an, wenn man impfskeptische Ansichten nicht isoliert, sondern als Ausdruck einer grundsätzlicheren Einstellung betrachtet. Was für eine Einstellung ist hiermit gemeint? Tatsächlich ist es so, dass impfskeptische Ansichten in einem direkten Zusammenhang mit einer allgemein skeptischen Haltung gegenüber der Schulmedizin bzw. einem Hang zu alternativmedizinischen Ansätzen zu stehen scheinen: In anthroposophischen Waldorfschulen ist der Anteil der nicht geimpften Kinder sechsmal höher als an Regelschulen (Dilger et al. 2019, S. 145 f.), ähnliche Tendenzen finden sich bei Montessori-Einrichtungen (Brennan et al. 2016). Impfgegnerïnnen mit medizinischer oder pharmazeutischer Ausbildung sind fast ausschließlich Homöopathïnnen (Maurer 2008) und Hebammen, die alternativmedizinische Fortbildungen besuchen, befürworten deutlich seltener Impfungen für Kinder als ihre Kollegïnnen (Robert Koch Institut 2008, S. 165 ff.). Doch inwiefern ergibt sich aus der Beobachtung, dass es einen Zusammenhang zwischen impfskeptischen und alternativmedizinischen Ansichten gibt, ein mögliches Argument für Toleranz gegenüber impfskeptischen Überzeugungen?

Die grundlegende Idee ist die, dass die Impfskeptikerïn versuchen könnte, vor dem Hintergrund ihrer alternativmedizinischen Ansichten eine Gleichwertigkeit zwischen Impfskepsis und Impfbefürwortung zu etablieren, angesichts derer eine tolerante Duldung vernünftig ist. Aber welche Form von Gleichwertigkeit kann die Verfechterïn einer alternativmedizinischen Position plausiblerweise für sich reklamieren? Was ihr an dieser Stelle vermutlich nicht weiterhilft, ist eine Inanspruchnahme relativistischer Argumente: Die Idee hinter alternativmedizinischen Positionen scheint gerade nicht zu sein, dass relativ zur Alternativmedizin *de facto* Dinge gesund sind, die relativ zur Schulmedizin *de facto* nicht gesund sind. Die Idee scheint vielmehr zu sein, dass es durchaus objektiv verbindliche Tatsachen und Einsichten darüber gibt, was unserer Gesundheit förderlich oder abträglich ist – dass aber die Schulmedizin eben keinen privilegierten Zugang zu diesen Tatsachen und Einsichten für sich beanspruchen kann. Was die Impfskeptikerïn also vermutlich behaupten sollte, ist, dass Alternativmedizin und Schulmedizin gleichwertige Herangehensweisen an medizinische Fragestellungen darstellen, und dass dementsprechend die von der Schulmedizin gestützte Mehrheit der Gesellschaft impfkritische Positionen tolerieren sollte.

Wie genau dabei die Idee, dass Alternativ- und Schulmedizin gleichwertige Herangehensweisen an medizinische Fragestellungen darstellen, ausbuchstabiert werden soll, ist zunächst eine offene Frage. Empirische

Untersuchungen legen nahe, dass viele Vertreterïnnen alternativmedizinischer Positionen an paranormale Phänomene glauben (Hamdorf 2017, S. 156 ff.) – dementsprechend gehen sie vielleicht davon aus, dass die naturwissenschaftlich orientierte Schulmedizin lediglich einen Teil der medizinischen Wirklichkeit untersucht und deshalb durch eine alternativmedizinische Perspektive ergänzt werden muss, die übernatürliche Aspekte mit einbezieht und in diesem Sinne für ein ganzheitliches Bild der medizinischen Wirklichkeit unentbehrlich ist. Hierbei handelt es sich allerdings nur um eine mögliche Sichtweise. Man könnte genauso gut behaupten, dass Alternativ- und Schulmedizin mit unterschiedlichen, aber gleichermaßen zuverlässigen Methoden denselben Wirklichkeitsbereich zu erschließen versuchen und dabei zu unterschiedlichen Ergebnissen kommen. Wichtig ist lediglich, dass die Verfechterïn einer alternativmedizinischen Position, sofern sie eine Toleranzforderung etablieren möchte, nicht behaupten sollte, dass die Schulmedizin der Alternativmedizin in allen Belangen hoffnungslos unterlegen ist. In diesem Fall wäre aus ihrer Perspektive nämlich nicht Toleranz gegenüber alternativmedizinischen Positionen, sondern vielmehr direkt die konsequente Abschaffung der Schulmedizin gefordert. Diese Einschränkung ist aber vermutlich nicht allzu problematisch – viele Sympathisantïnnen und Anhängerïnnen alternativmedizinischer Ansätze würden der klassischen Schulmedizin wohl keine kategorische Absage erteilen, sondern eher für eine zusätzliche, gleichberechtigte Berücksichtigung alternativer Sichtweisen plädieren.

Lassen sich also vor dem Hintergrund der Annahme, dass Alternativ- und Schulmedizin gleichwertige Herangehensweisen an medizinische Fragestellungen darstellen, erfolgreich Toleranzforderungen gegenüber impfskeptischen Positionen etablieren? Meiner Meinung nach ist ein solcher

Begründungsversuch zum Scheitern verurteilt. Ein erstes Problem besteht offensichtlich darin, dass es sich bei der Annahme der Gleichwertigkeit von Alternativ- und Schulmedizin bereits um eine äußerst fragwürdige Annahme handelt. Den meisten alternativmedizinischen Verfahren konnte keine über Placeboeffekte und Zufallstreffer hinausgehende Wirksamkeit nachgewiesen werden (Bausell 2009); und die Mehrheit der gegenwärtigen Philosophïnnen kann mit der Idee übernatürlicher oder paranormaler Phänomene nicht viel anfangen (Papineau 2020). Doch selbst *wenn* man von einer Gleichwertigkeit alternativ- und schulmedizinischer Ansätze ausgeht, ist überhaupt nicht klar, inwiefern sich auf dieser Grundlage Forderungen nach Toleranz gegenüber *impfskeptischen* Positionen formulieren lassen. Denn auch wenn *de facto* auffällig viele Impfskeptikerïnnen alternativmedizinische Ansätze vertreten, scheinen diese Ansätze tatsächlich überhaupt keine impfskeptischen Ansichten zu legitimieren. So heißt es beispielsweise in einer aktuellen Stellungnahme des Deutschen Zentralvereins homöopathischer Ärzte (DZVhÄ 2018, S. 23):

> Homöopathische Ärzte sind keine Impfgegner. […] Kampagnen von Impfgegnern sind unseriös und gefährlich, wenn sie pauschal alle Impfungen ablehnen.

Noch deutlicher äußert sich die Gesellschaft Anthroposophischer Ärzte in Deutschland (Gesellschaft Anthroposophischer Ärzte in Deutschland 2019):

> Anthroposophische Medizin würdigt ausdrücklich den Beitrag von Impfungen zur weltweiten Gesundheit und unterstützt sie als wichtige Maßnahme zur Vermeidung lebensbedrohlicher Erkrankungen. Anthroposophische Medizin vertritt keine Anti-Impf-Haltung und unterstützt keine Anti-Impf-Bewegungen.

Angesichts solcher Aussagen ist es durchaus erstaunlich, dass sowohl Impfgegnerïnnen als auch Impfbefürworterïnnen alternativmedizinische Ansätze regelmäßig mit impfskeptischen Ansichten in Verbindung bringen. Darüber hinaus ist angesichts der obigen Aussagen überhaupt nicht klar, welche Relevanz das Postulat einer Gleichwertigkeit von Alternativ- und Schulmedizin überhaupt für die Frage nach dem Umgang mit impfkritischen Überzeugungen haben soll.

Ein für den vorliegenden Zusammenhang noch wichtigerer Punkt ist jedoch, dass selbst *wenn* man von einer Gleichwertigkeit alternativ- und schulmedizinischer Ansätze *und* von impfkritischen Konsequenzen alternativmedizinischer Ansätze ausgeht, sich hieraus immer noch keine überzeugenden Toleranzforderungen ableiten lassen. Betrachten wir, um diesen Punkt besser zu verstehen, einen konkreten Fall: Kim ist eine Befürworterin der Homöopathie und der Meinung, dass aus homöopathischer Sicht Impfungen nur bedingt wirksam und mit einem Risiko gefährlicher Nebenwirkungen verbunden sind. Dementsprechend möchte sie ihr Kind nicht impfen lassen. Kims Freundin Lea ist demgegenüber eine Befürworterin der Schulmedizin und der Meinung, dass Impfungen eine wichtige und sichere Maßnahme zur Bekämpfung übertragbarer Krankheiten darstellen. Dementsprechend ist es für Lea eine Selbstverständlichkeit, ihr Kind impfen zu lassen.

Welche Haltung bzw. Reaktion kann Kim in dieser Situation von Lea einfordern? Zunächst scheint es aus Kims Perspektive sinnvoll, von Lea zu fordern, alternativmedizinische Ansätze als gleichwertige Herangehensweise an medizinische Fragestellungen zu respektieren. Aus Kims Sicht ist Leas einseitige Orientierung an schulmedizinischen Empfehlungen ein Ausdruck von Ignoranz und dringend ergänzungsbedürftig. Das Entscheidende ist

jedoch, dass selbst wenn Lea Schul- und Alternativmedizin
für gleichwertige Herangehensweisen an medizinische
Fragestellungen hielte, sie immer noch keinen Grund für
die Einnahme einer toleranten Haltung hätte: Nehmen
wir etwa an, Kim gelingt es, Lea davon zu überzeugen, dass
Schulmedizin und Alternativmedizin gleichwertige Herangehensweisen an medizinische Fragestellungen darstellen,
und dass aus Sicht der Alternativmedizin Impfungen
nur bedingt wirksam und mit einem Risiko gefährlicher
Nebenwirkungen verbunden sind. In diesem Fall hätte
Lea in gewisser Weise sowohl Grund zur Ablehnung als
auch Grund zur Befürwortung von Impfungen – sofern
Impfungen von Seiten der Schulmedizin empfohlen
werden, sollte sie Impfungen befürworten, und sofern von
Seiten der Alternativmedizin von Impfungen abgeraten
wird, sollte sie Impfungen ablehnen. Vor dem Hintergrund dieses Nebeneinanders von Ablehnung und
Befürwortung sollte Lea jedoch nicht einfach bei ihrer
impfbefürwortenden Meinung bleiben und gegenüber
der Gegenseite eine tolerante Haltung einnehmen. Angesichts der einander widersprechenden, aber als gleichwertig
bewerteten Empfehlungen, mit denen sich Lea konfrontiert
sieht, muss sie ihre Meinung vielmehr aufgeben und
sich des Urteils darüber enthalten, welche Empfehlung
die richtige ist. An dieser Stelle tritt eine weitere, bisher
verborgen gebliebene Bedingung für geeignete Grundlagen toleranter Duldungen zutage: Um erfolgreich eine
tolerante Duldung rationalisieren zu können, müssen sich
Befürwortung und Ablehnung nicht nur auf unterschiedliche Werte beziehen und in einem ausgewogenen Verhältnis zueinander stehen, sondern sie dürfen sich auch
nicht widersprechen – genau das ist jedoch in der oben
beschriebenen Situation der Fall.

Alles in allem ist also nicht zu sehen, wie Impfskeptiker*innen mit Hinweisen auf alternativmedizinische Ansätze

Toleranzforderungen erfolgreich begründen können – und zwar ganz unabhängig davon, dass alternativmedizinische Ansätze tatsächlich schulmedizinischen Ansätzen unterlegen zu sein scheinen und darüber hinaus auch keine impfskeptischen Ansichten legitimieren. Denn entweder gehen Impfkritikerïnnen von einer eindeutigen Überlegenheit alternativmedizinischer Ansätze aus – etwa, weil sie die Schulmedizin für grundsätzlich korrupt und von der Pharmaindustrie manipuliert halten –, oder sie postulieren eine Gleichwertigkeit von Alternativmedizin und Schulmedizin. Im ersten Fall sollten sie von der gesellschaftlichen Mehrheit fordern, ihre Orientierung an schulmedizinischen Empfehlungen aufzugeben, die Überlegenheit alternativmedizinischer Ansätze zu akzeptieren und somit ebenfalls eine impfkritische Haltung einzunehmen. Im zweiten Fall sollten sie von der gesellschaftlichen Mehrheit fordern, ebenfalls die Gleichwertigkeit alternativmedizinischer Ansätze anzuerkennen – angesichts einer solchen Gleichbewertung einander widersprechender Ansätze sollten sich jedoch sowohl Impfgegnerïnnen als auch Impfbefürworterïnnen des Urteils darüber enthalten, ob Impfungen durchgeführt werden sollten oder nicht. Beide Szenarien haben nichts mit einem toleranten Nebeneinander von Impfskepsis und Impfbefürwortung gemein. Der Versuch, Forderungen nach Toleranz gegenüber impfkritischen Positionen durch Verweise auf alternativmedizinische Ansätze zu legitimieren, kann letztendlich also nicht überzeugen.

3.4   Leugnung des Klimawandels

„Die Idee der globalen Erwärmung ist von den Chinesen erdacht worden, um die amerikanische Industrie wettbewerbsunfähig zu machen." Dieser Tweet von Donald Trump aus dem Jahr 2012 hat insbesondere nach der

US-Wahl 2016 für große Aufmerksamkeit gesorgt und gilt vielen bis heute als Sinnbild für die an Realitätsverweigerung grenzende Irrationalität der Trump-Regierung. Dass auch in Deutschland seit einigen Jahren mit der AfD eine Partei im Parlament sitzt, die in ihrem Wahlprogramm einen menschengemachten Klimawandel offen anzweifelt, gerät dabei schnell in den Hintergrund. Dabei sind Zweifel an der globalen Erwärmung auch hierzulande ein wesentlich größeres Problem, als man zunächst denken würde – auch über die Wählerschaft der AfD hinaus steht ein irritierend großer Teil der deutschen Bevölkerung der Existenz einer durch Menschen verursachten Erderwärmung skeptisch gegenüber: Laut einer Umfrage des von der Cardiff University koordinierten *European Perceptions of Climate Change Project* (EPCC) gehen in Deutschland 16 % der Bevölkerung davon aus, dass es keinen Klimawandel gibt (Steentjes et al. 2017, 18). Damit belegt Deutschland unter den in der Umfrage berücksichtigten europäischen Ländern den Spitzenplatz.

Auf den ersten Blick könnte man meinen, dass sich klimaskeptische Ansichten leicht als falsch zurückweisen lassen. Die überwältigende Mehrheit der Klimaforscher*innen akzeptiert uneingeschränkt die Existenz einer menschengemachten globalen Erwärmung, die – sofern nicht rechtzeitig verhindert oder abgeschwächt – potenziell verheerende Auswirkungen haben wird. Angesichts einer so eindeutigen Forschungslage stellt sich die Frage, auf welcher Grundlage Klimaleugner*innen überhaupt eine tolerante Duldung ihrer Ansichten einfordern könnten. Einen wichtigen Hinweis liefert in diesem Zusammenhang eine häufig zu beobachtende Reaktion, die Klimaleugner*innen zeigen, wenn man sie mit dem aktuellen Forschungsstand in Form entsprechender Veröffentlichungen und Statements angesehener Wissenschaftsorganisationen wie etwa dem Weltklimarat oder *der American Association for* *the Advancement of Science* konfrontiert. Diese Reaktion besteht in einem Hinweis auf tatsächliche oder vermeintliche Expert'innenmeinungen, die dem wissenschaftlichen Konsens klar widersprechen – ein besonders spektakuläres Beispiel für diese Strategie stellt die sogenannte Oregon-Petition dar, die im Jahr 1999 als Reaktion auf das zwei Jahre zuvor veröffentlichte Kyoto-Protokoll herausgegeben wurde: Hierbei handelt es sich um eine unter der Federführung des damaligen Präsidenten der *National Academy of Sciences* Frederick Seitz entstandene klimaskeptische Erklärung, die angeblich von 31.000 Expert'innen unterschrieben wurde. In dieser Erklärung heißt es (Seitz 1999):

> Es gibt keinen überzeugenden wissenschaftlichen Nachweis, dass menschengemachtes CO_2, Methan oder andere Treibhausgase heute oder in absehbarer Zukunft eine katastrophale Erwärmung der Erdatmosphäre und eine Umwälzung des Erdklimas bewirken. Darüber hinaus ist wissenschaftlich eindeutig belegt, dass eine CO_2-Zunahme in der Atmosphäre viele positive Auswirkungen auf die natürliche Pflanzen- und Tierwelt hat.

Obwohl sich die *National Academy of Sciences* umgehend von der Veröffentlichung distanzierte, waren die Auswirkungen auf den öffentlichen Diskurs enorm: So gehörte noch im Jahr 2016 – also 17 Jahre nach der ursprünglichen Veröffentlichung – ein Online-Artikel, der vor dem Hintergrund der Oregon-Petition den menschengemachten Klimawandel leugnet, zu den in sozialen Medien am häufigsten geteilten Beiträgen zu diesem Thema (Readfearn 2016).

Die hier zum Vorschein tretende Argumentationsstrategie kann auch in anderen Debatten regelmäßig beobachtet werden (für eine ausführliche Diskussion siehe Oreskes und Conway 2010): Anhängerïnnen von Ansichten, die den wissenschaftlichen Mehrheitsmeinungen widersprechen, verweisen auf tatsächliche oder vermeintliche Expertïnnen, die ebenfalls der jeweiligen Mehrheitsmeinung widersprechen, um so ihren Ansichten eine entsprechende wissenschaftliche Rückendeckung zu geben. Problematisch an diesen Verweisen ist, dass es sich bei den zur Rechtfertigung der eigenen Position herangezogenen Expertïnnen oft überhaupt nicht um echte Expertïnnen handelt. Auch hier ist die Oregon-Petition wieder ein spektakuläres Beispiel: Unter den 31.000 Unterzeichnerïnnen waren zunächst viele Doppeleintragungen und Namen von längst verstorbenen oder fiktiven Personen wie beispielsweise einigen Star-Wars-Charakteren. Doch selbst bei den tatsächlich lebenden Personen, die diese Petition unterschrieben haben, handelt es sich um alles andere als Expertïnnen – tatsächlich galt laut der zweifelhaften Definition der Autoren der Petition jede Person als Expertïn, die einen Bachelorabschluss in einem naturwissenschaftlich orientierten Fach hat. Dementsprechend ergab auch eine von der Stiftung Mercator und der *European Climate Foundation* in Auftrag gegebene Recherche, dass lediglich 0,1 % der Unterzeichnerïnnen zum Zeitpunkt der Veröffentlichung in der Klimaforschung aktiv waren (Wayne und Michael 2018).

Tatsächlich ist der Anteil der Klimaforscherïnnen, der einer durch Menschen verursachten Erderwärmung kritisch gegenübersteht, verschwindend gering. Vor dem Hintergrund einer entsprechenden Anfrage der AfD-Bundestagsfraktion kam die Bundesregierung im Jahr 2019 nach Auswertung einschlägiger Metastudien zu der offiziellen Einschätzung, dass rund 99 % der Wissenschaftlerïnnen, die Fachaufsätze zum Klimaschutz veröffentlichen, klar von einer durch Menschen verursachten Erderwärmung ausgehen (Bundesregierung

2019, S. 4). Einen diesbezüglichen wissenschaftlichen Konsens anzuzweifeln, ist also ein einigermaßen aussichtloses Unterfangen. Trotzdem ist klar, dass 99 % nicht 100 % sind. Zu sagen, dass es überhaupt keine Klimaforscher*innen gäbe, die den menschengemachten Klimawandel bestreiten, ist streng genommen falsch. Was bedeutet das für den Umgang mit klimaskeptischen Überzeugungen? Inwiefern stellt die Beobachtung, dass die wissenschaftliche Mehrheitsmeinung bezüglich des Klimawandels von einzelnen Expert*innen angezweifelt wird, eine geeignete Grundlage für Forderungen nach einer toleranten Duldung klimaskeptischer Ansichten dar?

Mit ihrem Hinweis auf Klimaforscher*innen, die der wissenschaftlichen Mehrheitsmeinung widersprechen, spielen Vertreter*innen klimaskeptischer Positionen – ob bewusst oder unbewusst – auf eine Überlegung an, die in der Ideengeschichte des Toleranzbegriffs eine große Tradition hat. Diese Überlegung basiert auf der Annahme, dass es einen fundamentalen Zusammenhang zwischen Verpflichtungen zu Toleranz und unserer grundsätzlichen Fehlbarkeit gibt: Wir sollten gerade deshalb abweichende Überzeugungen tolerieren, weil wir angesichts unserer grundsätzlichen Fehlbarkeit nicht ausschließen können, dass sich diese Überzeugungen eines Tages überraschend als wahr herausstellen. Auf der Grundlage dieses einfachen Arguments hat der britische Philosoph John Stuart Mill sogar ein universelles Toleranzgebot formuliert (Mill 2015, S. 19): Weil sich alle Überzeugungen prinzipiell als wahr herausstellen könnten und wir von keiner Überzeugung mit absoluter Gewissheit sagen können, dass sie falsch ist, sollten wir auch alle Überzeugungen tolerieren. Aus der Sicht unseres heutigen Toleranzverständnisses vermag diese Argumentation in ihrer Radikalität zwar kaum noch zu überzeugen – wenn etwa eine psychisch kranke Person davon ausgeht, dass sie den Bundestag in die Luft sprengen muss, um die Bevölkerung von der Herrschaft reptilienartiger Außerirdischer zu befreien, dann ist diese Überzeugung dermaßen absurd und gefährlich, dass wir sie mit Sicherheit nicht einfach tolerieren sollten. Doch wie sieht es aus, wenn – wie im Falle klimaskeptischer Überzeugungen – selbst vereinzelte Expert*innen aus der Wissenschaft auf der Seite der Minderheitenposition stehen?

Vor dem Hintergrund der obigen Überlegungen wird klar, wie eine entsprechende Forderung nach Toleranz gegenüber klimaskeptischen Ansichten aussehen könnte: Die Überlegung ist, dass die am naturwissenschaftlichen Konsens orientierte gesellschaftliche Mehrheit klimaskeptische Ansichten tolerieren sollte, obwohl sie sie für falsch hält, weil sie angesichts einzelner klimaskeptischer Expert*innen akzeptieren muss, dass sich diese Ansichten unerwartet als wahr herausstellen könnten. Was ist von dieser Forderung zu halten? Auf den ersten Blick scheint sie tatsächlich das für eine tolerante Haltung charakteristische Nebeneinander von Ablehnung und Befürwortung erfolgreich etablieren zu können: Die gesellschaftliche Mehrheit hält klimaskeptische Ansichten für falsch und sollte sie dementsprechend auch ablehnen. Andererseits sollte sie diese Ansichten aber insofern befürworten, als dass sie sich angesichts vereinzelter klimaskeptischer Expert*innen unerwartet als wahr herausstellen könnten. In diesem Sinne hat die gesellschaftliche Mehrheit also sowohl Grund zur Ablehnung als auch zur Befürwortung klimaskeptischer Ansichten.

Fraglich ist jedoch, ob dieses Nebeneinander von Ablehnung und Befürwortung auch tatsächlich die geeignete Grundlage für eine tolerante Duldung darstellt. Warum sollten wir Überzeugungen, die wir für falsch halten, nur deshalb tolerieren, weil sie sich überraschend als wahr herausstellen *könnten*? Einen wichtigen Hinweis in diesem Zusammenhang liefert der amerikanische Wissenschaftsphilosoph Hasok Chang, der folgendes Gedankenexperiment entwickelt hat (Chang 2012, S. 271): Angenommen, auf einer Expedition im Urwald geht plötzlich eine Person verloren. Die anderen Expeditionsteilnehmerïnnen wollen diese Person so schnell wie möglich wiederfinden und beratschlagen das weitere Vorgehen. Zur Diskussion stehen zwei verschiedene Vorschläge: Entweder gehen alle Expeditionsteilnehmerïnnen gemeinsam in die Richtung, in der sie die verlorengegangene Person mit der größten Wahrscheinlichkeit vermuten, oder sie teilen sich auf und suchen gleichzeitig in verschiedenen Richtungen. In diesem Fall, so Chang, wäre es eindeutig vernünftiger, sich aufzuteilen und in verschiedenen Richtungen gleichzeitig nach der verschwundenen Person zu suchen.

Vor dem Hintergrund dieses Gedankenexperiments entwickelt Chang nun ein Argument für Toleranz gegenüber wissenschaftlichen Minderheitenmeinungen: Gegeben, dass sich wissenschaftliche Gemeinschaften nie sicher sein können, dass sich ihre zum gegenwärtigen Zeitpunkt besten Theorien letztendlich wirklich als wahr herausstellen werden, sollten sie zumindest einen Teil der verfügbaren wissenschaftlichen Ressourcen in die Erforschung alternativer Sichtweisen investieren und eine pluralistische Struktur anstreben, die durch ein tolerantes Nebeneinander verschiedener Ansätze und Strömungen gekennzeichnet ist. Grundsätzlich lässt sich dieses Argument auch auf die wissenschaftliche Debatte um die Existenz einer menschengemachten globalen Erwärmung anwenden: Wenn es wirklich redliche Klimaforscherïnnen gibt, die Zweifel an der Existenz einer menschengemachten Erderwärmung hegen, dann wäre es töricht, gegen ihre Forschung vorzugehen – angesichts der grundsätzlichen Vorläufigkeit und Fehlbarkeit wissenschaftlicher

Erkenntnisse ist es wertvoll, alternative Sichtweisen und unpopuläre Ansätze weiter zu verfolgen. Die von der Existenz eines menschengemachten Klimawandels überzeugte Mehrheit der Wissenschaftlerïnnen sollte also eine tolerante Haltung einnehmen und abweichende Minderheitenpositionen innerhalb der wissenschaftlichen Gemeinschaft dulden, obwohl sie diese Ansichten für falsch hält, weil sie sich überraschend als wahr herausstellen könnten.

Insofern die obigen Überlegungen überzeugen, gibt es also eine vielversprechende Möglichkeit, Forderungen nach Toleranz gegenüber klimaskeptischen Ansichten zu legitimieren. Das entscheidende Problem ist jedoch, dass sich die so etablierten Forderungen zunächst klarerweise nur auf Toleranz gegenüber den Überzeugungen von Wissenschaftlerïnnen beziehen, und tatsächlich lassen sich die obigen Überlegungen auch nicht ohne Weiteres auf klimaskeptische Laïïnnenüberzeugungen übertragen. Denn klimaskeptische Laïïnnen sind nicht Teil einer wissenschaftlichen Gemeinschaft, sondern lediglich Teil eines demokratischen Entscheidungsprozesses, der sich an den besten gegenwärtig verfügbaren Forschungsergebnissen orientieren sollte. Das bedeutet, dass wir klimaskeptischen Expertïnnenmeinungen einen spezifischen Wert beimessen, den wir klimaskeptischen Laïïnnenmeinungen nicht beimessen. Dieser Wert besteht in einem potenziell wertvollen Beitrag, den diese Überzeugungen zum wissenschaftlichen Fortschritt leisten: Sie sind zwar vermutlich falsch, aber sie könnten sich überraschend als wahr herausstellen und haben dementsprechend einen wichtigen Wert für die wissenschaftliche Gemeinschaft. Dies gilt jedoch klarerweise nicht für klimaskeptische Laïïnnenmeinungen: Auch diese Meinungen könnten sich zwar überraschend als wahr herausstellen – allerdings führen sie nicht dazu, dass potenziell wertvolle wissenschaftliche Forschung betrieben wird, da ihre Vertreterïnnen überhaupt nicht an entsprechenden wissenschaftlichen Diskursen partizipieren. Unabhängig davon, ob sie auf privaten Überlegungen beruhen oder an klimaskeptischen Expertïnnenmeinungen orientiert sind, führen klimaskeptische Laïïnnenmeinungen lediglich dazu, dass signifikante Teile der Bevölkerung über den tatsächlichen Forschungsstand systematisch in die Irre geführt werden und wichtige klimapolitische Maßnahmen nach wie vor nicht umgesetzt wurden. Dementsprechend gibt es auch keine Grundlage für Forderungen nach Toleranz gegenüber diesen Meinungen. Während wir also vermutlich guten Grund zur Tolerierung klimaskeptischer Forschung haben, sollten wir gleichzeitig vor dem Hintergrund des aktuellen wissenschaftlichen Konsenses klimaskeptische Laïïnnenmeinungen als falsch, unvernünftig und gefährlich entschieden zurückweisen. Es besteht kein Widerspruch darin, als Gesellschaft einerseits die Existenz eines menschengemachten Klimawandels und die Dringlichkeit entsprechender politischer Maßnahmen in öffentlichen Schulen zu lehren und andererseits seriöse Klimaforschung auch dort zu fördern, wo sie dem gegenwärtigen Konsens widerspricht.

3.5   Bilanz

So weit unsere Diskussion verschiedener Strategien, Forderungen nach Toleranz gegenüber gesellschaftlichen Minderheitenmeinungen zu begründen. Vor dem Hintergrund der zu Beginn des Kapitels entwickelten Bedingungen für erfolgreiche Toleranzforderungen lassen sich die Ergebnisse dieser Diskussion wie folgt zusammenfassen:

	Begründung der Toleranzforderung	Verletzte Bedingung
Kreationismus	Die gesellschaftliche Mehrheit sollte kreationistische Ansichten tolerieren, obwohl sie relativ zu der für sie maßgeblichen naturwissenschaftlichen Weltsicht falsch sind, weil sie relativ zu der für Kreationistinnen maßgeblichen religiösen Weltsicht wahr sind	Die geforderte Befürwortung der kreationistischen Ansichten hängt hier von der Plausibilität des Wahrheitsrelativismus ab. Sollte sich der Wahrheitsrelativismus als falsch herausstellen, gäbe es keinen Grund zur Befürwortung und Bedingung (1) wäre verletzt. Zudem ist selbst vor dem Hintergrund des Wahrheitsrelativismus die relevante Befürwortung zu unspezifisch, womit Bedingung (2) verletzt wäre
	Die gesellschaftliche Mehrheit sollte kreationistische Ansichten tolerieren, obwohl sie aus ihrer Sicht falsch sind, weil sie eine wichtige identitätsstiftende Bedeutung für ihre Vertreterinnen haben	Es ist unklar, wie groß die identitätsstiftende Bedeutung kreationistischer Ansichten für ihre Vertreterinnen tatsächlich ist. Darüber hinaus muss diese Bedeutung auch gegen die moralisch problematischen Aspekte kreationistischer Ansichten abgewogen werden. Insgesamt scheinen die Gründe zur Befürwortung in keinem geeigneten Verhältnis zu den Gründen zu stehen, die für eine Ablehnung sprechen. Somit ist Bedingung (3) verletzt
Rassismus	Die gesellschaftliche Mehrheit sollte rassistische Ansichten tolerieren, obwohl sie relativ zu den für sie maßgeblichen moralischen Standards falsch sind, weil sie relativ zu den moralischen Standards ihrer Vertreterinnen wahr sind	Die geforderte Befürwortung der rassistischen Ansichten hängt hier von der Plausibilität des moralischen Relativismus ab. Sollte sich der moralische Relativismus als falsch herausstellen, gäbe es keinen Grund zur Befürwortung und Bedingung (1) wäre verletzt. Obwohl der moralische Relativismus unter Laiinnen durchaus beliebt ist, halten ihn viele Philosophinnen gerade aufgrund seines Potenzials, Toleranz gegenüber rassistischen und ähnlich skandalösen Ansichten zu rechtfertigen, für unplausibel

	Begründung der Toleranzforderung	Verletzte Bedingung
Impfskepsis	Die gesellschaftliche Mehrheit sollte impfskeptische Ansichten tolerieren, obwohl sie aus Sicht der Schulmedizin falsch sind, weil sie aus Sicht der Alternativmedizin – die von der gesellschaftlichen Mehrheit als gleichwertig anerkannt werden sollte – wahr sind	Abgesehen davon, dass es sich bei der Alternativmedizin um keine gleichwertige Sichtweise zu handeln scheint, rechtfertigt sie auch keine impfskeptischen Ansichten – vor dem Hintergrund alternativmedizinischer Ansätze die Befürwortung impfskeptischer Ansichten zu fordern ist dementsprechend unplausibel und Bedingung (1) somit verletzt Davon abgesehen würden sich in diesem Fall auch Befürwortung und Ablehnung direkt widersprechen, so dass vor dem Hintergrund des Nebeneinanders von Ablehnung und Befürwortung hier keine tolerante Duldung, sondern vielmehr eine beiderseitige Urteilsenthaltung die vernünftige Reaktion darstellt – Bedingung (4) ist also ebenfalls verletzt
Klima-leugnung	Die gesellschaftliche Mehrheit sollte klimaskeptische Ansichten tolerieren, obwohl sie einem klaren wissenschaftlichen Konsens widersprechen, weil sie sich unerwartet als wahr herausstellen könnten	Die Feststellung, dass sich klimaskeptische Ansichten überraschend als wahr herausstellen könnten, ist nur dann eine geeignete Grundlage für die Befürwortung dieser Ansichten, wenn sie dafür spricht, dass diese Ansichten einen potenziell wertvollen Beitrag zum wissenschaftlichen Fortschritt leisten. Dies ist jedoch nur hinsichtlich der klimaskeptischen Ansichten von Klimaforscherinnen der Fall, sodass im Fall klimaskeptischer Laiinnenansichten kein Anlass zu Befürwortung besteht und somit Bedingung (1) verletzt ist

Hinter den hier diskutierten Argumentationsstrategien stecken Überlegungen, die in öffentlichen Toleranzdiskursen regelmäßig mehr oder weniger explizit angeführt werden: Wir sollten tolerant sein, weil wir anerkennen müssen, dass die Gegenseite relativ zu ihrer Perspektive eine ebenso gültige Position hat, weil wir unsere eigene Perspektive nicht dogmatisch als die einzig relevante ansehen dürfen, weil wir alternative Sichtweisen als gleichwertig akzeptieren müssen oder weil wir aufgrund unserer grundsätzlichen Fehlbarkeit nie davon ausgehen dürfen, im alleinigen Besitz der Wahrheit zu sein. Solche und ähnliche Bemerkungen begegnen einem in verschiedensten Kontexten mit großer Regelmäßigkeit. In diesem Kapitel habe ich versucht, die hinter diesen Bemerkungen steckenden Überlegungen als klar strukturierte und somit eindeutig bewertbare Argumentationsmuster herauszuarbeiten. Das Ergebnis ist einigermaßen ernüchternd: Alle von mir diskutierten Argumentationsstrategien haben entscheidende Schwachstellen oder beruhen auf kontroversen philosophischen Annahmen und bieten somit nur eine sehr begrenzte Grundlage für Toleranzforderungen. Wie wir gesehen haben, reicht ein vager Verweis auf die kulturelle Bedingtheit unserer Ansichten, auf unsere grundsätzliche Fehlbarkeit oder auf wissenschaftliche Kontroversen nicht aus, um eine tolerante Haltung gegenüber Minderheitenpositionen zu rechtfertigen.

Angesichts dessen drängt sich die Frage auf, welche Ansichten wir eigentlich überhaupt tolerieren sollten. Tatsächlich wäre es fatal, wenn vor dem Hintergrund der in diesem Kapitel angestellten Überlegungen der Eindruck entstehen würde, dass es so gut wie unmöglich ist, überzeugende Toleranzforderungen zu formulieren. So lassen sich vermutlich einige der von mir diskutierten Argumentationsstrategien in anderen Kontexten ohne Weiteres zur erfolgreichen Begründung von Toleranz heranziehen: Beispielsweise scheint es durchaus plausibel, im Bereich der Geschmacksurteile von einer relativistischen Sichtweise auszugehen – wenn es darum geht, welches Gericht lecker, welches Musikstück schön oder welche Kleidung hässlich ist, gibt es wohl keine objektiv richtigen und allgemein verbindlichen Antworten, sondern lediglich verschiedene persönliche Vorlieben, die gleichermaßen legitim sind. Wie wir nun in diesem Kapitel gesehen haben, eignen sich relativistische Sichtweisen direkt zur Begründung von Toleranzforderungen, sodass eine entsprechende Forderung mit Blick auf Geschmacksurteile durchaus naheliegt: Wir sollten die abweichenden Geschmacksurteile anderer Personen tolerieren, obwohl diese Urteile relativ zu unseren eigenen Vorlieben falsch sind, weil sie relativ zu den Vorlieben dieser Personen wahr sind. An dieser Stelle droht auch nicht dasselbe Problem, das uns bei der Diskussion des moralischen Relativismus und des universellen Wahrheitsrelativismus begegnet ist, da es im Bereich der Geschmacksurteile vermutlich keine Ansichten gibt, die als so skandalös anzusehen sind, dass ihre Tolerierung völlig absurd erscheint.

Auch der Gedanke, dass es Situationen geben könnte, in denen wir eine als falsch und ungerechtfertigt bewertete Ansicht tolerieren sollten, weil sie einen besonderen persönlichen Wert für ihre Vertreterïn hat, ist prinzipiell durchaus sinnvoll – man denke hier nur an den bereits im zweiten Kapitel erwähnten Fall der Atheistin, die die religiösen Überzeugungen ihrer sterbenden Großmutter toleriert: In einem solchen Fall kann es durchaus angemessen und unter Umständen sogar geboten sein, eine tolerante Haltung einzunehmen und auch von anderen Personen einzufordern. Die in diesem Kapitel angestellten Überlegungen zeigen also keineswegs, dass erfolgreiche Toleranzforderungen prinzipiell unmöglich oder problematisch sind. Was sie jedoch zeigen, ist, dass Toleranzforderungen nicht pauschal, sondern stets hinsichtlich spezifischer Situationen und Diskursbereiche sowie vor dem Hintergrund einer sorgfältigen Explikation und Bewertung ihrer philosophischen Vorannahmen und Implikationen formuliert werden müssen. Angesichts dessen sind Toleranzforderungen tatsächlich vergleichsweise schwierig zu begründen, so dass sich an dieser Stelle die Frage aufdrängt, welche Konsequenzen sich aus der Beobachtung ergeben, dass wir vermutlich weniger Ansichten tolerieren sollten, als man zunächst meinen könnte. Um diese Frage soll es im nächsten Kapitel gehen.

4

Jenseits der Toleranz

Wie wir im vorangegangenen Kapitel gesehen haben, ist Toleranz keine Haltung, die man ohne Weiteres allen oder den meisten abweichenden Ansichten anderer gegenüber einnehmen sollte, sondern vielmehr eine höchst anspruchsvolle Einstellung, die nur unter speziellen Bedingungen angemessen ist. Wie wir bei der Diskussion klimaskeptischer Überzeugungen gesehen haben, hängt es sogar bei ein und derselben Überzeugung vom konkreten Kontext ab, ob sie toleriert werden sollte oder nicht: So könnte es etwa sein, dass wir die klimaskeptischen Ansichten einer Klimaforscherïn tolerieren sollten, während das für die identischen Ansichten einer Laïn vermutlich nicht gilt. Diese Spezifität einer toleranten Haltung mag für viele zunächst überraschend sein und hat einige wichtige Konsequenzen. Eine erste Konsequenz ist, dass uns der Toleranzgedanke viel mehr abverlangt, als man zunächst denken würde: Anstatt Toleranz einfach zu einem festen Teil unserer Identität zu erklären und als Ideal zu akzeptieren, von dem es nur in einigen wenigen Ausnahmefällen abzuweichen gilt, können wir eine tolerante Haltung nur auf der Basis einer gründlichen Auseinandersetzung mit abweichenden Ansichten einnehmen.

Eine zweite, damit zusammenhängende Konsequenz besteht darin, dass insgesamt vermutlich weniger Ansichten als ursprünglich gedacht toleriert werden sollten. In diesem Kapitel möchte ich näher untersuchen, was aus dieser Beobachtung folgt. Dabei werde ich mich zunächst der Sorge widmen, dass eine Zurückweisung von Toleranzforderungen gleichbedeutend mit einer Legitimation von Intoleranz, Dogmatismus und Engstirnigkeit ist. Im Anschluss daran werde ich verschiedene Alternativen zu einer toleranten Haltung diskutieren.

4.1   Was nicht tolerant zu sein nicht bedeutet

Die Annahme, dass es viele Toleranzforderungen gibt, die wir als ungerechtfertigt zurückweisen sollten, und dementsprechend auch viele Ansichten, die wir nicht tolerieren sollten, mag auf den ersten Blick beunruhigend wirken. Folgt hieraus nicht unmittelbar eine offene Einladung zu Intoleranz, Dogmatismus und Engstirnigkeit – oder schlimmer noch, zu Ausgrenzung und Diskriminierung? Tatsächlich glaube ich, dass dem nicht so ist und dass dementsprechend auch die Konsequenzen, die sich aus den bisher angestellten Überlegungen ergeben, kein Anlass zur Beunruhigung sind. So ist zunächst darauf hinzuweisen, dass nicht tolerant zu sein nicht gleichbedeutend ist mit Intoleranz. Beispielsweise würden wir in einem Fall, in dem jemand angesichts der abweichenden Einschätzung einer Expertïn die eigene Meinung aufgibt, nicht sagen wollen, dass diese Person eine intolerante Reaktion zeigt – trotzdem ist klar, dass ihre Reaktion nicht tolerant ist, da sie ja gerade nicht auf ein gleichberechtigtes Nebeneinander von Expertïnnenmeinung und eigener Meinung abzielt, sondern vielmehr in einer vollständigen Anpassung an das Expertïnnenurteil besteht. Intolerant zu sein bedeutet dementsprechend nicht einfach, nicht tolerant zu sein, sondern eher, nicht tolerant zu sein, *obwohl eine tolerante Haltung gefordert wäre.* Das bedeutet, dass die Konsequenz aus den im vorangegangenen Kapitel angestellten Überlegungen nicht in einer höheren, sondern sogar in einer geringeren Gefahr der Intoleranz besteht: Wenn eine tolerante Haltung seltener als gedacht gefordert ist, dann laufen wir auch seltener Gefahr, dort nicht tolerant zu sein, wo wir eigentlich tolerant sein sollten.

Andererseits scheint dieser rein begriffliche Punkt ein Stück weit an der eigentlichen Sorge vorbeizugehen: Denn die eigentliche Sorge besteht darin, dass die im vorangegangenen Kapitel angestellten Überlegungen doch eindeutig nahelegen, dass wir in vielen Fällen Toleranzforderungen zurückweisen und dementsprechend versuchen sollten, aktiv in die Meinungen und Ansichten anderer Personen einzugreifen, anstatt ihnen einfach ihre Überzeugungen zu lassen. Diese Konsequenz wirkt problematisch, und zwar unabhängig davon, ob das geforderte Einmischen in die abweichenden Ansichten anderer nun als intolerant bezeichnet werden sollte oder nicht. Zwar haben wir in Kap. 2 schon gesehen, dass die direkte Beeinflussung von Überzeugungen nicht unbedingt mit Gehirnwäsche oder Manipulation einhergehen muss – trotzdem mag vielen die Aussicht auf eine Gesellschaft, in der Bildungseinrichtungen und Medien, aber auch persönliche Gespräche und Diskussionen als Mittel zur gezielten

Überzeugungsbeeinflussung wahrgenommen und genutzt werden, moralisch fragwürdig erscheinen.

Dass eine genauere Beschäftigung mit dem Toleranzbegriff und der Frage nach den Grenzen einer toleranten Haltung tatsächlich die Vermutung nahelegt, dass wir eine engagiertere Haltung gegenüber den Ansichten anderer Personen einnehmen sollten, ist meiner Meinung nach grundsätzlich korrekt. Was andere Personen denken und für richtig halten, sollte uns alles andere als egal sein – dies gilt erst recht, wenn das, was andere Personen denken und für richtig halten, gesellschaftlichen und wissenschaftlichen Konsensen grundsätzlich zuwiderläuft. Die weit verbreitete Ansicht, dass Überzeugungen Privatsache sind und jeder einfach eine persönliche Meinung haben darf, beruht zumindest ein Stück weit auf einem falschen oder unterentwickelten Verständnis des Toleranzgedankens. Gleichzeitig ist aber klar, dass beim Umgang mit den Überzeugungen anderer eine gewisse Vorsicht geboten ist: Oft empfinden Menschen Versuche, von bestimmten Dingen überzeugt zu werden, als übergriffig, bevormundend und respektlos, und tatsächlich könnte es sein, dass es so etwas wie ein grundsätzliches Recht auf eine eigene Meinung gibt. Das bedeutet jedoch nicht, dass dieses Recht in jedem Fall unantastbar ist: Wenn eine Lehrerin eine Grundschülerin davon zu überzeugen versucht, dass $2 + 2 = 4$ und nicht $2 + 2 = 5$ gilt, dann wäre es geradezu absurd, sie dafür mit dem Hinweis darauf zu kritisieren, dass die Grundschülerin ihr Recht auf eine eigene Meinung habe. Offensichtlich müssen wir also von Einzelfall zu Einzelfall entscheiden, ob ein Eingriff in die Überzeugungen anderer Personen vertretbar ist oder nicht. Die Einsicht, dass eine bestimmte Überzeugung nicht tolerabel ist, mag einen gewichtigen Grund zur Intervention liefern – dieser muss jedoch seinerseits gegen andere Überlegungen abgewogen werden.

Bei einer solchen Abwägung werden nun nicht nur moralische, sondern auch pragmatische Überlegungen eine Rolle spielen. Denn selbst in den Fällen, in denen wir es für moralisch vertretbar halten, in eine abweichende Überzeugung zu intervenieren, mag eine entsprechende Intervention immer noch zu aufwändig oder kostspielig sein, um sie ernsthaft in Erwägung zu ziehen. Beispielsweise würde es nicht allzu sehr überraschen, wenn ein signifikanter Teil der deutschen Bevölkerung davon überzeugt wäre, dass Sydney die Hauptstadt von Australien ist. Diese Überzeugung ist nun nicht nur falsch, sondern vermutlich in vielen Fällen auch ungerechtfertigt – viele Leute denken wohl nur deshalb, dass Sydney die Hauptstadt von Australien ist, weil Sydney die erste Stadt ist, die ihnen einfällt, wenn sie an Australien denken. Darüber hinaus scheint es auch aus einer moralischen oder ästhetischen Perspektive nichts zu geben, was die Überzeugung, dass Sydney die Hauptstadt von Australien ist, besonders wertvoll erscheinen lässt. Dementsprechend ist diese Überzeugung wohl streng genommen auch nicht tolerabel, und tatsächlich würde man wohl in einer persönlichen Unterhaltung, in der deutlich wird, dass jemand denkt, Sydney sei die Hauptstadt von Australien, versuchen, den Irrtum zu beseitigen. Gleichzeitig ist aber klar, dass es völlig überzogen wäre, flächendeckende Aufklärungskampagnen zu fordern, um diesem verbreiteten Irrtum entschlossen entgegenzutreten. Die falsche Überzeugung, dass Sydney die Hauptstadt von Australien ist, scheint insgesamt einfach viel zu harmlos zu sein, um aufwändige Gegenmaßnahmen zu ergreifen.

Darüber hinaus mag es in manchen Fällen auch einfach aussichtslos erscheinen, Menschen von der Falschheit ihrer Ansichten zu überzeugen – etwa, weil die betroffene Personengruppe zu dogmatisch und irrational ist, um noch empfänglich für vernünftige Argumente zu sein. Entscheidend ist jedoch, dass wir in all den soeben skizzierten Situationen nicht tolerant sind: Tolerant sind wir nur dann, wenn wir von einer Intervention in eine abweichende Überzeugung absehen, *weil wir dieser Überzeugung selbst einen eigenen Wert zuschreiben.* Dementsprechend ist es möglich, von der Intervention mit einer abweichenden Überzeugung abzusehen, obwohl man diese Überzeugung für nicht tolerabel hält – etwa dann, wenn man eine entsprechende Intervention für zu kostspielig, zwecklos oder moralisch problematisch hält.

Zudem wird es auch Fälle geben, in denen einem die Einschätzung, dass eine abweichende Überzeugung nicht tolerabel ist, überhaupt keinen Grund gibt, in diese Überzeugung zu intervenieren. Denn wie wir gesehen haben, ist die Grenze der Toleranz nicht nur dort erreicht, wo man der anderen Person ihre Überzeugung nicht mehr einfach lassen kann, sondern auch dort, wo man nicht mehr einfach auf dem eigenen Standpunkt beharren kann. Das bedeutet, dass Dogmatismus und Engstirnigkeit nicht nur dort drohen, wo zu wenig, sondern auch dort, wo zu viel toleriert wird. So wird es zwar immer Fälle geben, in denen eine intolerante Person versucht gegen abweichende Ansichten vorzugehen, die sie eigentlich tolerieren sollte. Genauso wird es aber auch Fälle geben, in denen eine Person unter Berufung auf den Toleranzgedanken einfach dogmatisch bei ihrer Überzeugung bleibt und nicht akzeptieren möchte, dass die Gegenseite die stärkeren Argumente hat. Dementsprechend ist ein zu viel an Toleranz vermutlich nicht weniger problematisch als ein zu wenig an Toleranz, und wir tun gut daran, auch wirklich nur dort tolerant zu sein, wo eine tolerante Haltung angemessen ist. Vor dem Hintergrund der bisherigen Überlegungen ist dies nur in sehr spezifischen Situationen der Fall. Somit sehen wir uns erst einmal mit einem überwiegend negativen Ergebnis konfrontiert: Wir möchten gerne verantwortungsvoll und angemessen auf die abweichenden Ansichten anderer Personen reagieren. Eine tolerante Haltung stellt jedoch nur in weniger Fällen als gedacht die verantwortungsvolle und angemessene Reaktion dar. Was sollen wir also in den Fällen tun, in denen wir nicht tolerant sein sollen?

4.2 Alternativen zu einer toleranten Haltung

Angesichts der bisherigen Überlegungen drängt sich die Frage nach Alternativen zu einer toleranten Haltung auf. Wir hätten gerne allgemeine Empfehlungen, die uns dabei helfen, verantwortungsvoll mit den abweichenden Ansichten anderer Personen umzugehen. Verweise auf Toleranz bieten hierfür keine geeignete Grundlage, da eine tolerante Haltung nur unter sehr spezifischen Bedingungen eine angemessene Reaktion darstellt. Gibt es andere Haltungen, die auch auf einer allgemeineren Ebene gefordert werden können? Um diese Frage zu beantworten, ist es hilfreich, sich noch einmal zu vergegenwärtigen, was genau wir uns ursprünglich von einer toleranten Haltung erhofft haben: Vermutlich halten viele Leute Toleranz gegenüber abweichenden Ansichten auch deshalb für so wichtig, weil sie in einer Abkehr von Toleranz die Gefahr von Engstirnigkeit und Dogmatismus sehen. Wie wir im vorangegangenen Abschnitt gesehen haben, handelt es sich hierbei zwar insofern um eine unberechtigte Sorge, als dass eine Entscheidung gegen Toleranz nicht unbedingt ein Ausdruck von Engstirnigkeit und Dogmatismus darstellt. Diese Einsicht lässt jedoch immer noch offen, wie man sich denn eigentlich verhalten sollte, wenn man nicht engstirnig oder dogmatisch sein möchte.

Eine naiv wirkende Antwort auf diese Frage besteht nun in dem Vorschlag, einfach die gegenteiligen Haltungen zu Engstirnigkeit und Dogmatismus einzunehmen. Tatsächlich ist dieser Hinweis aber hilfreicher, als man zunächst meinen könnte: Das Gegenteil von Engstirnigkeit ist vermutlich Aufgeschlossenheit, und ein arroganter Dogmatismus scheint durch das vollständige Fehlen jeglicher Bescheidenheit gekennzeichnet zu sein. Glücklicherweise handelt es sich bei Aufgeschlossenheit und Bescheidenheit nun um Haltungen, die nicht nur im Rahmen alltäglicher Diskurse oft in einem Atemzug mit Toleranz gefordert werden, sondern die darüber hinaus auch in der philosophischen Diskussion als vielversprechende Kandidaten für einen verantwortungsvollen Umgang mit den abweichenden Überzeugungen anderer einige Aufmerksamkeit erhalten haben. Vor dem Hintergrund dieser Diskussion möchte ich nun im Folgenden zunächst kurz erläutern, um was für Haltungen es sich bei Aufgeschlossenheit und Bescheidenheit handelt, um im Anschluss daran zu überlegen, inwieweit es sich bei den beiden Haltungen um sinnvolle Alternativen zu einer toleranten Haltung handelt.

Beginnen wir mit einer aufgeschlossenen Haltung. Was bedeutet es, gegenüber den Überzeugungen anderer Personen aufgeschlossen zu sein? Auch wenn die genaue Definition intellektueller Aufgeschlossenheit Gegenstand einer kontroversen Diskussion ist, scheint ein wesentliches Merkmal einer aufgeschlossenen Haltung darin zu bestehen, eine kritische und reflektierte Haltung gegenüber seinen eigenen Überzeugungen und seinen eigenen kognitiven Fähigkeiten einzunehmen. Aufgeschlossene Personen sind sich ihrer grundsätzlichen Fehlbarkeit bewusst und kennen die Umstände, unter denen sie in ihren Urteilen besonders inkompetent oder voreingenommen sind. Sie sind in der Lage, ihre eigenen Überzeugungen als unvollkommene Urteile einer fehleranfälligen Person zu reflektieren und somit eine kritische Distanz zu ihren Ansichten einzunehmen (Adler 2004; Riggs 2010). Diese kritisch-reflektierte Grundhaltung ist die Grundlage dafür, dass aufgeschlossene Personen Einwände und Gegenargumente gegen die eigene Position ernst nehmen und die Stärken und Vorzüge anderer Positionen anerkennen können. Wie sieht es mit intellektueller Bescheidenheit aus? Während für eine aufgeschlossene Person eine spezifische Einstellung zu sich selbst und zu den eigenen Überzeugungen charakteristisch ist, zeichnet sich eine bescheidene Person durch eine spezifische Einstellung zu anderen Personen aus: Bescheidene Personen respektieren andere Personen als gleichwertige Denker*innen, die ähnliche intellektuelle Ziele verfolgen. Sie streben nicht nach intellektuellem Ansehen und Prestige, sondern fassen ihre eigenen Erkenntnisbemühungen als Teil eines gemeinschaftlichen Projekts auf, das nur vor dem Hintergrund gegenseitiger Hilfe und Kooperation gelingen kann (Roberts und Wood 2003; Priest 2017). Diskussionen und argumentative Auseinandersetzungen sehen sie dementsprechend nicht als Bewährungsprobe für die eigenen Überzeugungen an, die es gegen Einwände zu verteidigen gilt, sondern vielmehr als gemeinschaftlichen Versuch, der Wahrheit ein Stück näher zu kommen.

Nimmt man diese vorläufigen Überlegungen als Ausgangspunkt, wird unmittelbar deutlich, warum wir es bei Aufgeschlossenheit und Bescheidenheit mit vielversprechenden Alternativen zu einer toleranten Haltung zu tun haben. So ermöglichen uns diese Haltungen genau das, was wir uns von einer toleranten Haltung versprochen haben: Einen verantwortungsvollen Umgang mit abweichenden Überzeugungen, der die Grenzen der eigenen Erkenntnisbemühungen berücksichtigt und durch eine respektvolle Einstellung gegenüber abweichenden Positionen und Standpunkten gekennzeichnet ist. Darüber hinaus handelt es sich bei Aufgeschlossenheit und Bescheidenheit um Haltungen, die auch besser auf einer allgemeinen Ebene eingefordert werden können und somit effektive Orientierungshilfe im Umgang mit abweichenden Überzeugungen bieten. Zwar mag es Situationen geben, in denen eine aufgeschlossene oder bescheidene Haltung ebenfalls unangemessen sein wird, etwa wenn eine unzufriedene Wählerïn politischen Verschwörungstheorien gegenüber aufgeschlossen ist oder eine renommierte Wissenschaftlerïn eine bescheidene Haltung gegenüber ignoranten Laïnnenmeinungen einnimmt. Dennoch werden Aufgeschlossenheit und Bescheidenheit insgesamt wesentlich seltener als Toleranz eine problematische Haltung darstellen, was unter anderem daran liegt, dass eine aufgeschlossene und bescheidene Haltung mit ganz unterschiedlichen Reaktionen vereinbar ist: Eine aufgeschlossene und bescheidene Person kann angesichts einer Meinungsverschiedenheit ihre eigene Überzeugung einfach aufgeben oder sogar den Standpunkt der Gegenseite übernehmen – sie kann aber auch genauso gut versuchen, die andere Person von der Falschheit ihres Standpunktes zu überzeugen. Genau diese Flexibilität ist es, die Aufgeschlossenheit und Bescheidenheit von Toleranz unterscheidet. Dass es sich bei Toleranz um eine sehr spezifische Haltung handelt, die nur unter klar definierten Bedingungen eine angemessene Reaktion auf Meinungsverschiedenheiten darstellen kann, muss uns also nicht weiter beunruhigen. Mit Aufgeschlossenheit und Bescheidenheit gibt es gehaltvolle Einstellungen, die im Gegensatz zu einer toleranten Haltung auch auf einer allgemeineren Ebene eingefordert werden können und die uns einen verantwortungs- und respektvollen Umgang mit den abweichenden Überzeugungen anderer ermöglichen. Die Sorge, dass mit einer Entscheidung gegen Toleranz der erste Schritt in Richtung Intoleranz, Engstirnigkeit und Dogmatismus gemacht ist, ist also weitgehend unbegründet.

5

Fazit

Dass man abweichende Meinungen und Ansichten, denen man selbst nicht zustimmen kann, tolerieren sollte, ist eine weit verbreitete Ansicht, die in einigen gesellschaftlichen Diskursen geradezu als Binsenweisheit gilt. Das Toleranzideal wird von vielen als zentrale philosophische Errungenschaft der europäischen Aufklärung angesehen, die nicht nur von herausragender Bedeutung, sondern vielmehr unabdingbar für einen respekt- und verantwortungsvollen Umgang mit einem für demokratische Gesellschaften charakteristischen Pluralismus verschiedener Ansichten ist. Eine nähere Untersuchung des Toleranzbegriffs und die darauf aufbauende Diskussion der Frage, welchen Toleranzforderungen wir überhaupt nachkommen sollten, hat demgegenüber ein ganz anderes Bild nahegelegt: Wie wir gesehen haben, handelt es sich bei Toleranz nicht um ein universell zu akzeptierendes Ideal, sondern vielmehr um eine sehr spezifische Haltung, die einer besonderen

© Der/die Autor(en), exklusiv lizenziert durch Springer-Verlag GmbH, DE, ein Teil von Springer Nature 2021
D. Balg, *Toleranz – was müssen wir aushalten?*, #philosophieorientiert,
https://doi.org/10.1007/978-3-662-63423-3_5

Begründung bedarf und dementsprechend nur in klar eingrenzbaren Situationen eine angemessene Haltung darstellen kann.

Dieses Ergebnis ist einerseits weitaus weniger unbe-
quem, als man auf den ersten Blick vermuten könnte:
Nicht tolerant zu sein ist nicht das Gleiche wie intolerant
zu sein, und mit Aufgeschlossenheit und Bescheidenheit
stehen uns zwei intellektuelle Haltungen zur Verfügung,
die nicht nur besser auf einer allgemeinen Ebene und
somit auch grundsätzlich gegenüber einer größeren Zahl
abweichender Ansichten eingefordert werden können,
sondern die uns darüber hinaus auch genau das ermöglichen, was wir uns ursprünglich von einer toleranten
Haltung erhofft hatten. Andererseits sehen wir uns in
gewisser Weise tatsächlich mit einem unbequemen Ergebnis konfrontiert, und zwar im wortwörtlichen Sinne:
Denn bei Aufgeschlossenheit und Bescheidenheit handelt
es sich um alles andere als bequeme Haltungen – beide
Haltungen fordern von uns eine kritische Auseinandersetzung mit eigenen Denkweisen und Ansichten und eine
engagierte Offenheit gegenüber abweichenden Positionen.
Wo Aufrufe zu mehr Toleranz uns vermeintlich nur
eine entspannte, ja geradezu passive Leben-und-leben-
lassen-Einstellung abverlangten, sind wir nun in der Ver-
antwortung, uns aktiv mit unseren eigenen Ansichten und
den Ansichten anderer auseinanderzusetzen.

Das bedeutet einerseits vermutlich, dass wir uns gegenüber uns selbst, aber auch gegenüber anderen Personen
vermehrt rechtfertigen müssen: Wenn jemand die Überlegungen und Gründe, auf denen unsere Ansichten
basieren, für wenig überzeugend oder anderweitig kritik-
würdig hält, dann können wir nicht einfach mit einem
vagen Hinweis darauf, dass es sich lediglich um unsere
persönliche Meinung handelt und wir auch andere
Ansichten tolerieren, aus der Affäre ziehen, sondern

müssen uns ernsthaft mit den Überlegungen der Gegenseite befassen. Andererseits können wir aber auch ebenso von anderen Personen Rechtfertigungen für ihre Positionen einfordern: Wenn wir uns kritisch mit den Ansichten anderer auseinandersetzen, dann ist das nicht automatisch ein Ausdruck von intoleranter Besserwisserei, sondern vielmehr die unabdingbare Voraussetzung für einen verantwortungsvollen Umgang mit den kognitiven Limitationen und Hindernissen, denen wir bei der gemeinsamen Suche nach der Wahrheit ausgesetzt sind. Dem Toleranzideal eine geringere Bedeutung beizumessen hat in diesem Sinne geradezu die gegenteilige Konsequenz, als man zunächst befürchten könnte: Die Konsequenz besteht nicht in einer dogmatischen Absage an Pluralität und Diversität, sondern vielmehr in einer wünschenswerten Höherschätzung kritischen Denkens und rationaler Diskussion.

6

Ergebnisse und Lehren

Obwohl viele Menschen eine tolerante Einstellung als erstrebenswertes Ideal akzeptieren, sollte gleichzeitig klar sein, dass wir nicht einfach alles tolerieren können oder sollten. Um ein fundiertes Urteil darüber fällen zu können, welchen Toleranzforderungen wir nachkommen sollten und welche wir guten Gewissens zurückweisen können, bedarf es eines besseren Verständnisses dessen, was Toleranz überhaupt bedeutet.

Toleranz besteht in der Duldung von etwas, das aus normativen Gründen sowohl abgelehnt als auch befürwortet wird. Die für eine tolerante Haltung charakteristische Form der Duldung besteht dabei nicht nur in einem reinen Gewährenlassen, sondern auch in einer klaren persönlichen Abgrenzung. Rationalisiert wird diese Form der Duldung durch ein gleichzeitiges Nebeneinander von normativ begründeter Ablehnung und Befürwortung, wobei sich

© Der/die Autor(en), exklusiv lizenziert durch Springer-Verlag GmbH, DE, ein Teil von Springer Nature 2021
D. Balg, *Toleranz – was müssen wir aushalten?*, #philosophieorientiert,
https://doi.org/10.1007/978-3-662-63423-3_6

Ablehnung und Befürwortung auf unterschiedliche Werte beziehen und in einem ausgewogenen Verhältnis zueinander stehen müssen.

Die Frage, welche Ansichten oder Positionen innerhalb eines toleranten gesellschaftlichen Diskurses geduldet werden müssen, zielt auf eine tolerante Haltung gegenüber abweichenden Überzeugungen ab. Bei Toleranz gegenüber abweichenden Überzeugungen handelt es sich um eine spezifische Form von Toleranz, die sich klar von anderen Formen der Toleranz abgrenzen lässt und die einer spezifischen Begründung bedarf.

Relativistische Begründungen von Toleranzforderungen, die besagen, dass wir abweichende Überzeugungen deshalb tolerieren sollten, weil diesen Überzeugungen relativ zu der Perspektive oder dem Standpunkt der anderen Person ihre Gültigkeit zukommt, sind insofern problematisch, als dass sie oftmals zu unspezifisch sind: Wenn für alle Überzeugungen eines bestimmten Bereichs gilt, dass sie relativ zu der Perspektive der sie vertretenden Person gültig sind, dann müssen wohl auch alle Überzeugungen dieses Bereichs toleriert werden. Während diese Konsequenz für Bereiche wie ästhetische Urteile akzeptabel sein mag, ist sie es für Bereiche wie Moral vermutlich nicht.

In Situationen, in denen wir davon ausgehen, dass verschiedene gleichwertige Herangehensweisen oder verschiedene Expert*innengruppen zu konfligierenden Einschätzungen kommen, können wir uns nicht einfach für eine Seite entscheiden, sondern müssen wir uns des Urteils enthalten. Erstrebenswert ist unter solchen Umständen kein tolerantes Nebeneinander verschiedener Ansichten, sondern vielmehr die vollständige Abwesenheit von Ansichten.

Da es sich bei Toleranz gegenüber konfligierenden Ansichten anderer Personen um eine sehr spezifische und begründungsbedürftige Einstellung handelt, sollten wir vermutlich in weitaus weniger Fällen abweichende Überzeugungen tolerieren, als man auf den ersten Blick vermuten würde. Hieraus ergibt sich jedoch keine Legitimation von Intoleranz, da Entscheidungen gegen Toleranz nur in solchen Fällen als intolerant zu bezeichnen sind, in denen eine tolerante Haltung eigentlich geboten wäre.

Auch wenn eine tolerante Haltung in weitaus weniger Fällen angemessen ist, als man zunächst denken könnte, haben wir mit intellektueller Aufgeschlossenheit und intellektueller Bescheidenheit zwei gehaltvolle Einstellungen zur Verfügung, die uns einen verantwortungsvollen Umgang mit konfligierenden Ansichten anderer Personen ermöglichen. Während eine aufgeschlossene Haltung durch eine kritisch-distanzierte Einstellung gegenüber den eigenen Überzeugungen und intellektuellen Fähigkeiten besteht, äußert sich eine bescheidene Haltung in einer respektvollen und uneitlen Einstellung gegenüber anderen Personen.

Literatur

Adler, Jonathan: Reconciling Open-Mindedness and Belief. In: Theory and Research in Education 2/2 (2004), 127–142.

Audi, Robert: Religion and Politics. In: David Estlund (Hg.): The Oxford Handbook of Political Philosophy. Oxford 2012, 223–240.

Balg, Dominik: Gibt es so etwas wie intellektuelle Toleranz? In: Grazer Philosophische Studien 97/2 (2020), 319–342.

Bausell, R. Barker: Snake Oil Science. The Truth About Complementary and Alternative Medicine. Oxford 2009.

Betsch, Cornelia/Schmid, Philipp/Heinemeier, Dorothee/Korn, Lars/Holtmann, Cindy/Böhm, Robert: Beyond confidence. Development of a measure assessing the 5C psychological antecedents of vaccination. In: PLOS ONE 13/12 (2018).

BMI: Rassismus (2020). In: https://www.bmi.bund.de/DE/service/lexikon/functions/bmi-lexikon.html?cms_lv3=9398274&cms_lv2=9391124 (06.04.2021).

Boghossian, Paul: Angst vor der Wahrheit. Ein Plädoyer gegen Relativismus und Konstruktivismus. Berlin ²2013 (engl. 2006).

© Der/die Autor(en), exklusiv lizenziert durch Springer-Verlag GmbH, DE, ein Teil von Springer Nature 2021
D. Balg, *Toleranz – was müssen wir aushalten?*, #philosophieorientiert, https://doi.org/10.1007/978-3-662-63423-3

Bourget, David; Chalmers, David J.: What do philosophers believe? In: Philosophical Studies 170/3 (2014), 465–500.

Brennan, Julia M./Bednarczyk, Robert A./Richards, Jennifer L./ Allen, Kristen E./Warraich, Gohar J./Omer, Saad B: Trends in Personal Belief Exemption Rates Among Alternative Private Schools: Waldorf, Montessori, and Holistic Kindergartens in California, 2000– 2014. In: American Journal of Public Health 107/1 (2016), 108–12.

Brown, Wendy: Reflexionen über Toleranz im Zeitalter der Identität. In: Rainer Forst (Hg.): Toleranz. Philosophische Grundlagen und gesellschaftliche Praxis einer umstrittenen Tugend. Frankfurt a. M. 2000, 257–281.

Bundesregierung: Antwort der Bundesregierung auf die Kleine Anfrage der Abgeordneten Karsten Hilse, Dr. Heiko Wildberg, Marc Bernhard, weiterer Abgeordneter und der Fraktion der AfD. Köln 2019.

Chang, Hasok: Is Water H2O? Evidence, Realism and Pluralism. Dordrecht 2012.

Dilger, Christin/Leher, Anna/Pfaff, Günter: Masern-Impfstatus bei Kindern in Waldorf-Kindertageseinrichtungen 2014– 2018. In: Ministerium für Soziales, Gesundheit, Jugend, Familie und Senioren des Landes Schleswig-Holstein/ Behörde für Gesundheit und Verbraucherschutz der Freien und Hansestadt Hamburg (Hgg.): Berichtsband 6. Nationale Impfkonferenz. Impfstrategien im Kontext internationaler Herausforderungen. Stuttgart 2019, 144–147.

Dudenredaktion: Toleranz, tolerant (o. J.). In: https://www. duden.de/rechtschreibung/Toleranz (14.01.2020)

DZVhÄ: Stellungnahme des DZVhÄ zum Thema Impfen. In: Allgemeine Homöopathische Zeitung 263/02 (2018), 23–24.

forsa: Evolution und Kreationismus (2007). In: https://fowid. de/meldung/evolution-und-kreationismus (05.10.2020).

Forst, Rainer: Toleranz im Konflikt. Geschichte, Gehalt und Gegenwart eines umstrittenen Begriffs. Frankfurt a. M. 2003.

Forst, Rainer: Toleration. In: Edward N. Zalta (Hg.): The Stanford Encyclopedia of Philosophy (Fall 2017 Edition).

Fuchs, Christian: "Je schlechter es Deutschland geht, desto besser für die AfD" (2020). In: https://www.zeit.de/politik/deutschland/2020-09/christian-lueth-afd-alexander-gauland-menschenfeindlichkeit-migration (06.04.2021).

Gesellschaft Anthroposophischer Ärzte in Deutschland: Stellungnahme der Anthroposophischen Medizin zu Impfungen (2019). In: https://www.gaed.de/arzneimittel/impfungen.html (15.10.2020).

Goethe, Johann Wolfgang: Maximen und Reflexionen. In: Sämtliche Werke. Briefe, Tagebücher und Gespräche. Hg. von Friedmar Apel, Hendrik Birus, Dieter Borchmeyer u. a. 40 Bde. Frankfurt a. M. 1985–1999, I. Abt. Bd. 6.

Graf, Dittmar/Soran, Haluk: Evolutionstheorie-Akzeptanz und Vermittlung im europäischen Vergleich. Einstellung und Wissen von Lehramtsstudierenden zur Evolution. Ein Vergleich zwischen Deutschland und der Türkei. – In: Dittmar Graf (Hg.): Tagungsband Einstellung und Wissen zu Evolution und Wissenschaft in Europa. Heidelberg 2011, 141–161.

Grau, Alexander: Wenn die Welt nur noch in Gut und Böse eingeteilt wird, schlägt die Stunde des politischen Kitsches (2020). In: https://www.nzz.ch/feuilleton/kitsch-er-darf-ueberall-sein-ausser-im-politischen-denken-ld.1567332 (20.10.2020).

Gründler, Sabine/Schiefer, Katrin: Familienleitbilder unter dem Regenbogen. Akzeptanz von Regenbogenfamilien in Deutschland. In: Bevölkerungsforschung Aktuell 04 (2013), 18–24.

Hamdorf, Elena: Einstellungs- und Nutzungsanalyse bedeutender alternativmedizinischer Verfahren. Eine explorative Studie mit Lehramtsstudierenden und Vergleichsgruppen. Gießen 2017.

Horstkötter Nina/Müller Ute/Ommen, Oliver/Reckendrees, Britta/Stander, Volker/Lang, Peter/Thaiss, Heidrun: Einstellungen, Wissen und Verhalten von Erwachsenen und Eltern gegenüber Impfungen. Ergebnisse der Repräsentativbefragung 2018 zum Infektionsschutz. Köln 2019.

Horton, John: Toleration as a Virtue. In: David Heyd (Hg.): Toleration. An Elusive Virtue. Princeton 1998, 28–43.

Institut für Demoskopie Allensbach: Weitläufig verwandt – Die Meisten glauben inzwischen an einen gemeinsamen Vorfahren von Mensch und Affe. In: Allensbacher Berichte 5 (2009), 1–4.

Johnson, George: Indian Tribes' Creationists Thwart Archeologists (1996). In: https://www.nytimes.com/1996/10/22/science/indian-tribes-creationists-thwart-archeologists.html (22.10.1996).

Kant, Immanuel: Beantwortung der Frage: Was ist Aufklärung? In: Horst D. Brandt (Hg.): Immanuel Kant – Was ist Aufklärung? Ausgewählte kleine Schriften. Hamburg 1999, 20–27.

King, Preston T.: Toleration. London 1998.

Kirsch, Peter/Kube, Hanno/Zohlnhöfer, Reimut: Die Akzeptanz der Maßnahmen zur Eindämmung der Corona-Pandemie in der deutschen Bevölkerung. Zusammenfassung erster Ergebnisse (2020). In: https://www.marsilius-kolleg.uni-heidelberg.de/fellows/Publikationfellows2020.html (15.10.2020).

Kitz, Volker: Ertragt euch! (2018). In: https://www.zeit.de/2018/11/demokratie-toleranz-gesellschaft-wahrheit-meinung-vielfalt (20.10.2020).

Kölbel, Max: Indexical relativism versus genuine relativism. In: International Journal of Philosophical Studies 12/3 (2004), 297–313.

Lohmar, Achim: Die Nachsichtigkeitskonzeption der Toleranz. Eine Replik auf Peter Königs. In: Zeitschrift für Philosophische Forschung 69/1 (2015), 61–72.

Main, Andreas: Moralismus mit totalitären Zügen. Alexander Grau im Gespräch mit Andreas Main (2017). In: https://www.deutschlandfunk.de/lust-an-der-empoerung-moralismus-mit-totalitaeren-zuegen.886.de.html?dram:article_id=399565 (20.10.2020).

Maurer, Wolfgang: *Impfskeptiker – Impfgegner. Von einer anderen Realität im Internet.* In: *Pharmazie in unserer Zeit* 37/1 (2008), 64–70.

Meyer, Christiane/Reiter, Sabine: Impfgegner und Impfskeptiker. Geschichte, Hintergründe, Thesen, Umgang. In: Bundesgesundheitsblatt 47/12 (2004), 1182–1188.

Mill, John Stuart: On Liberty. In: Mark Philp/Frederick Rosen (Hg.): John Stuart Mill. On Liberty, Utilitarianism, and Other Essays. Oxford 2015, 5–112.

Nagel, Thomas: Das letzte Wort. Stuttgart 1999 (engl. 1957).

Nationale Akademie der Wissenschaften Leopoldina: Evolutionsbiologische Bildung in Schule und Universität. Halle (Saale) 2017.

Oreskes, Naomi/Conway, Erik M.: Merchants of Doubt. How a Handful of Scientists Obscured the Truth on Issues from Tobacco Smoke to Global Warming. London 2010.

Papineau, David: Naturalism. In: Edward N. Zalta (Hg.): Stanford Encyclopedia of Philosophy (Summer 2020 edition).

Pfister, Jonas: Classification of Strategies for Dealing with Student Relativism and the Epistemic Conceptual Change Strategy. In: *Teaching Philosophy* 42/3 (2019), 221–246.

Priest, Maura: Intellectual Humility. An Interpersonal Theory. In: Ergo, an Open Access Journal of Philosophy 4/16 (2017), 463–480.

Puddig, Mathias: Von Milchkannen und Meinungsfreiheit (2018). In: https://www.moz.de/nachrichten/politik/ministerin-von-milchkannen-und-meinungsfreiheit-49125144.html (02.04.2021).

Readfearn, Graham: Revealed. Most Popular Climate Story on Social Media Told Half a Million People the Science Was a Hoax (2016). In: https://www.desmogblog.com/2016/11/29/revealed-most-popular-climate-story-social-media-told-half-million-people-science-was-hoax (26.10.2020).

Riggs, Wayne: Open-Mindedness. In: Metaphilosophy 41/1–2 (2010), 172–188.

Robert Koch Institut: Impfstatus sowie Einstellung und Verhalten von Hebammen zu Impfungen. Ergebnisse einer Querschnittsstudie. In: Epidemiologisches Bulletin 21 (2008), 163–172.

Roberts, Robert C./Wood, W. Jay: Humility and Epistemic Goods. In: Michael Raymond DePaul/Linda Zagzebski (Hg.): Intellectual virtue. Perspectives from ethics and epistemology. Oxford 2003, 257–280.

Seitz, Frederick: Global Warming Petition Project (1999). In: http://www.petitionproject.org/ (26.10.2020).

Smith, David/Beckett, Lois/Singh, Maanvi/Wong, Julia Carrie: Donald Trump refuses to condemn white supremacists at presidential debate (2020). In: https://www.theguardian.com/us-news/2020/sep/29/trump-proud-boys-debate-president-refuses-condemn-white-supremacists (06.04.2021).

Steentjes, Katharine/Pidgeon, Nicholas/Poortinga, Wouter/Corner, Adam J./Arnold, Anika/Böhm, Gisela/Mays, Claire/Poumadère, Marc/Ruddat, Michael/Scheer, Dirk/Sonnberger, Marco/Tvinnereim, Endre: European Perceptions of Climate Change. Topline findings of a survey conducted in four European countries in 2016. Cardiff 2017.

Wayne, G.P./Michael, K.: Gibt es wirklich einen Klimawandel? (2018). In: https://www.klimafakten.de/behauptungen/behauptung-31000-wissenschaftler-oregon-petition-hypothese-klimawandel-menschgemacht-erderwaermung-falsch. (26.10.2020).

Westacott, Emrys: Moral Relativism. In: The Internet Encyclopedia of Philosophy (2020).

World Health Organization: Ten threats to global health in 2019 (2019). In: https://www.who.int/news-room/spotlight/ten-threats-to-global-health-in-2019 (15.10.2020).

Printed in the United States
by Baker & Taylor Publisher Services